高校体育管理理论与实践研究

葛荣亮 著

延边大学出版社

图书在版编目（CIP）数据

高校体育管理理论与实践研究 / 葛荣亮著. -- 延吉：延边大学出版社，2022.9
　　ISBN 978-7-230-03794-5

Ⅰ.①高… Ⅱ.①葛… Ⅲ.①高等学校－体育教学－教学管理－研究 Ⅳ.①G807.4

中国版本图书馆 CIP 数据核字(2022)第 164590 号

高校体育管理理论与实践研究

著　　者：葛荣亮
责任编辑：董　强
封面设计：李金艳
出版发行：延边大学出版社
社　　址：吉林省延吉市公园路 977 号　　邮　　编：133002
网　　址：http://www.ydcbs.com　　E-mail：ydcbs@ydcbs.com
电　　话：0433-2732435　　传　　真：0433-2732434
印　　刷：天津市天玺印务有限公司
开　　本：710×1000　1/16
印　　张：13
字　　数：200 千字
版　　次：2022 年 9 月 第 1 版
印　　次：2024 年 3 月 第 2 次印刷
书　　号：ISBN 978-7-230-03794-5

定价：68.00 元

前　言

高校体育是整个国家教育的一部分，党的教育方针指出，教育必须为社会主义现代化服务，必须同生产劳动相结合，培养德智体美劳全面发展的建设者和接班人。依据社会发展对人才培养的要求，高校作为为社会培养高级专门人才的基地，必须将素质教育贯穿其中。

高校体育管理是遵循学校体育的基本规律，运用管理学的理论与方法，以育人为目的，对高校体育进行计划、实施和检验的活动。高校是育人的单位，高校的主要活动是育人活动，即教育活动，其中也包括体育活动。因此，高校体育管理既是体育管理的一个重要分支，又是高校教育管理的重要组成部分。

近年来，高校体育发展暴露出一些急需解决的现实问题，如大学生健康状况不容乐观，大学生在体育教学中表现出的积极性较差、参与率不高，体育教师的教学水平和科研能力仍然在低水平徘徊，高校体育场馆、设施和器材还未能高效利用，这些问题严重阻碍了体育在高校人才培养当中独特作用的发挥。

高校体育要突破现有困境，除了要加大对体育的投入，不断进行体育综合改革以外，还应加强对高校体育的管理，实现现有体育资源的最优配置。加强高校体育管理工作、增强学生体质，是高校全面落实科学发展观、坚持以人为本的必然要求。

本书共八章：第一章主要论述了体育管理的内涵、外延、基本要素，以及体育管理的创新；第二章主要阐述了高校体育管理理论基础；第三章分析了高校体育管理职能；第四章论述了高校运动训练管理；第五章阐述了高校体育资源管理；第六章分析了高校体育科学研究管理；第七章阐述了高校体育课程教学管理；第八章探讨了创新教育理念下高校体育课程教学及其质量管理。

  本书在编写过程中，搜集、查阅和整理了大量文献资料，在此对学术界前辈、同仁和所有为此书编写工作提供帮助的人员致以衷心的感谢。由于笔者能力有限，编写时间较为仓促，书中难免有错漏之处，还请广大读者给予理解和不吝指教！

葛荣亮

2022 年 6 月

目　　录

第一章　体育管理概述 …………………………………………… 1

　　第一节　体育管理的内涵和外延 ……………………………… 1
　　第二节　体育管理的基本要素 ………………………………… 3
　　第三节　体育管理的创新 ……………………………………… 12

第二章　高校体育管理理论基础 ………………………………… 23

　　第一节　高校体育管理的内涵、原则与特点 ………………… 23
　　第二节　高校体育管理学的基础知识 ………………………… 27

第三章　高校体育管理职能 ……………………………………… 34

　　第一节　高校体育管理的计划职能 …………………………… 34
　　第二节　高校体育管理的组织职能 …………………………… 43
　　第三节　高校体育管理的决策职能 …………………………… 50

第四章　高校运动训练管理 ……………………………………… 54

　　第一节　运动训练管理的内涵和体制 ………………………… 54
　　第二节　我国高校运动训练现状 ……………………………… 58
　　第三节　高校运动训练管理原理和方法 ……………………… 64
　　第四节　高校运动训练管理内容 ……………………………… 70

第五章　高校体育资源管理 ·········· 80

第一节　高校体育资源的概念和分类 ·········· 80

第二节　高校体育人力资源管理 ·········· 82

第三节　高校体育场馆设施资源管理 ·········· 86

第四节　高校体育信息资源管理 ·········· 93

第五节　高校体育经费资源管理 ·········· 100

第六章　高校体育科学研究管理 ·········· 104

第一节　高校体育科学研究概述 ·········· 104

第二节　高校体育科学研究方法 ·········· 113

第三节　高校体育科学研究的基本原则和要求 ·········· 119

第四节　高校体育科学研究创新管理 ·········· 123

第七章　高校体育课程教学管理 ·········· 126

第一节　高校体育课程教学管理概述 ·········· 126

第二节　高校体育课程教学管理机制 ·········· 136

第三节　高校体育课程教学管理存在的问题与对策 ·········· 142

第四节　高校体育课程教学管理体系改革探索 ·········· 148

第八章　创新教育理念下高校体育课程教学及其质量管理 ·········· 152

第一节　创新教育理念下高校体育课程教学的顺利开展 ·········· 152

第二节　创新教育理念下高校体育课程教学管理的方法 ·········· 157

第三节　创新教育理念下高校体育课程教学质量的管理 ·········· 166

参考文献 ……………………………………………………………………… 171

附 录 …………………………………………………………………………… 172

附录一 高等学校体育工作基本标准 ……………………………………… 172
附录二 普通高等学校健康教育指导纲要 ………………………………… 177
附录三 关于全面加强和改进新时代学校体育工作的意见 ……………… 184
附录四 《体育与健康》教学改革指导纲要（试行）……………………… 191

第一章 体育管理概述

第一节 体育管理的内涵和外延

一、体育管理的内涵

从应用的角度来看,体育管理自古希腊时期就已经存在了。那时,角斗士之间或角斗士与野兽之间的搏斗吸引了大量的观众。盛大的开幕式拉开了运动会的序幕,接着,田径项目的比赛给成千上万的观众带来了极大的享受。考虑到运动会庞大的规模,当时一定会有相关的赛事组织者,以及为赛事提供食品、饮料的服务人员,体育管理逐渐具有职业属性。

纵观当前一些体育管理的文献,我们可以看到很多学者对体育管理的内涵意见并不统一。笔者认为,体育管理是关于所有参与制造、帮助、推销或组织任何与体育、健身及相关产品有关的人、活动、组织和经营的一种研究和实践,体育产品可以是商品、服务、人员、场地或创意。

二、体育管理的外延

在体育管理内涵既定的基础上，进一步分析体育管理的外延。目前，我国学术界通常将体育管理分为群众体育管理、竞技体育管理和体育产业管理三个部分。此外，体育管理还可以进一步划分为社区体育管理、职工体育管理、娱乐体育管理、体育俱乐部管理。有学者把社会体育管理、学校体育管理、竞技体育管理等内容作为体育事业的主要管理业务，而把体育人力资源、资金、物资、时间、信息等称为体育管理对象的要素管理。由于视角不同，我国学者对体育管理外延的认识多种多样。

自体育产生之日起，各种体育管理活动也就顺其自然地发生了。因此，清晰界定体育的外延是把握体育管理外延的重要前提。体育如何划分一直是我国学术界广泛争议的焦点问题，迄今尚无定论。从操作角度出发，体育往往被划分为群众体育、竞技体育和体育产业三个部分。有学者提出体育教学、体育锻炼、体育游戏、运动训练和体育竞赛不仅是实现我国体育目的的基本途径，还是体育活动的基本手段。受此观点启发，根据体育活动的不同目的，可以把体育分为体育教育、体育锻炼、体育娱乐、运动训练和体育竞赛。与此相对应的管理活动就构成体育教育管理、体育锻炼管理、体育娱乐管理、运动训练管理和体育竞赛管理，这几类活动分别对应着体育管理实践的具体领域。需要注意的是，人们往往从现实需要出发，把体育管理活动划归到部门或更具体的业务领域进行研究。

随着体育实践内容的日益丰富，体育管理的外延也将进一步扩大。从体育管理的学科角度来看，体育管理学分支学科大量涌现。体育管理学的二级学科，如体育项目管理、体育组织管理、体育资源管理、体育管理原理、体育物业管理、体育信息管理等陆续出现。此外，体育管理学的某些二级学科也会产生更深层次的学科。例如，体育产业管理学科下有可能产生体育休闲产业管理、体育旅游产业管理、体育广告业管理、体育经纪人管理、体育市场管理、体育无形资产管理；社会体育管理学科下有可能产生城市社区体育管理、乡镇体育管理、民族传统体育管理、伤残人群体育管理、大众健身俱乐部管理；竞技体育管理学科下有可能产生运动训练管理、体育赛事管理、职业体育俱乐部管理；体育人力资源管理学科下有可能产生高水平运动员管理、教练员管理、体育科技人员管理、体育教师管理、社会体育指导员管理、体育志愿者管理、裁判员管理等。

第二节　体育管理的基本要素

体育管理主要包括人力资源和物质资源、技术与方法、环境因素等内容的管理。具体地讲，形成体育管理活动，必须具备五项基本要素：一是要有体育管理的主体，也就是由谁进行体育管理；二是要有体育管理的客体，也就是体育管理的对象；三是要有体育管理的目的，也就是为什么进行体育管理；四是要有体育管理的中介，也就是如何解决体育管理中的问题；五是要有体育管理的环境，也就是体育管理必须具备一定的环境或条件。

一、体育管理的主体

主体是指实践活动和认识活动的承担者。辩证唯物主义认为，主体是具有意识性、自觉能动性和社会历史性的现实的人。体育管理的主体由体育管理者和体育管理机构组成。

（一）体育管理者

体育管理者主要由两部分人员组成：一是根据体育组织的既定目标，将目标任务分解为各类体育管理活动、工作任务和负有最终督促完成既定目标责任的人员，这类人员通常是体育组织中的核心人物，或者说是体育组织的高级管理者；二是具体执行者，如计划、组织、协调、控制等体育管理活动的人员，这类人员通常是体育组织中的骨干人物，没有他们，体育组织的既定目标难以实现。

尽管上述两类管理者都是体育管理主体中的一部分，但实际上两者仍有区别。这是因为一类管理者在成为体育管理活动执行者的同时，又是前一类管理者的体育管理活动的作用对象，所以后一类管理主体实际上同时又是管理客体，也就是说，体育管理者和被管理者是相对的。具体地讲，体育管理者包括体育组织中的领导者和从事具体体育管理事务的中层和基层体育管理者。由于他们在体育管理活动中处于主导地位，因此其管理水平的高低直接影响体育管理的效果。

体育管理主体虽然可以包括所有的体育管理者，但从一个体育组织生存、发展的角度来看，高层体育管理者是非常重要的，这是因为高层体育管理者的决策和指挥正确与否，对体育组织目标的实现影响巨大，有时甚至决定了体育组织的生死存亡。体育管理者的决策和指挥科学与否，首先取决于其素质与能力。体育管理者的素质与能力主要从以下几个方面衡量：

1.思想素质

体育管理者的思想素质主要表现在以下几个方面：一是要勤奋好学，体育管理者应不断学习，具有不断获取相关领域最新知识的学习能力；二是要有使命感，体育管理者应具有改变现有体育组织管理面貌的强烈愿望；三是要勇于开拓创新，体育管理者应具有不断进取的精神、改革创新的意识、敢于拼搏的勇气、不怕失败的韧劲；四是要诚信做人，体育管理者应具有诚实守信的品质。

2.心理素质

体育管理者的心理素质主要表现在以下几个方面：

一是自知。自知是体育管者的重要心理保证之一，只有自知，才能正确地对待自己的长处和短处，才能扬长避短，充分发挥自己的长处。

二是自信。自信就是对自己抱有充分的信心和勇气，自信能使体育管理者具有持之以恒的工作动力。

三是意志。从心理学上讲，意志是意识的调节，是个体根据确立的目标调节行为，从而实现预定目标的心理过程。体育管理者的意志具体表现为坚定性、果断性、顽强性以及知难而进的精神。

四是胆识。胆识就是个体在作决策时的胆略与气魄。体育管理是一项具有较大风险的事业，尤其是在竞技体育中，其失败的可能性很大，如果体育管理者没有胆识，就很难胜任体育管理这一颇具挑战性的工作的。

五是宽容。体育管理者应宽以待人，严于律己。

六是忍耐。当一项体育管理活动必须通过较长时间的努力才可能成功时，当其困难重重前途未卜时，体育管理者应表现出忍耐的心理素质，唯有忍耐才能持之以恒，才能取得最终的成功。

3.远见卓识

体育管理者的远见卓识主要表现在以下几个方面：

一是要及时掌握最新的体育科技成果、体育知识和体育前沿信息。因为新的体育知识与信息是对过去体育知识体系的冲击和发展，可以使人们久思不解的问题迎刃而解。

二是要有系统的思维方式。系统的思维方式可以说是辩证的思维方式，看问题通常涉及两个不同的方面，不仅看其现象还要看其原因。体育管理者要采用系统的、全方位的思维方式，就是从系统的具体构造到系统的综合、从局部到全局、从现象到原因的思维方式。

三是奋发向上的价值取向。作为体育管理主体，体育管理者的价值取向就是追求体育事业成功和永不满足的价值观，只有这样的价值取向，才能勇攀体育管理的高峰。

4.应变能力

体育管理本身就是应变的产物，应变是个体主观思维的一种快速反应能力，是体育管理者创造能力的集中反映。体育管理环境与条件的变化，使体育管理在许多情况下是一个非程序性的问题，解决非程序性的问题就需要创新，而这就是一种应变。体育管理者的应变能力主要表现为以下几个方面：一是能在体育管理活动变化时产生应对的策略；二是能审时度势，随机应变地解决各种问题；三是在体育动态环境中能辨明方向。

5.组织协调能力

体育管理者应具备较强的组织协调能力，才能够有效地组织所需投入的资源，能够在改变原来的管理程序、推进新的管理方式时，使体育组织依然能够有序地运转。也就是说，体育管理者如果没有较强的组织协调能力，就会使体育管理过程带有更多的不确定性。体育管理者的组织协调能力主要表现为以下几个方面：一是培养团队精神，即齐心协力、积极主动争取成功的精神；二是能够有效地进行资源配置，使其在各自的位置上正常运作；三是具有强化个体与整体协调一致的能力。

6.创新能力

体育管理中的创新能力基于体育管理者的创新意识。例如，体育管理者敏锐地发现旧事物的缺陷，准确地捕捉新事物的萌芽，提出大胆、新颖的推测和设想，拿出可行方案并付诸实施。体育管理者的创新能力主要表现在以下几个方面：一是具有广泛的兴趣；二是对体育环境具有敏锐的洞察力；三是具有系统的思维方式；四是富有独立意识与独到见解；五是具有自信心；六是勇于面对困境。

（二）体育管理机构

体育管理机构是体育管理活动赖以进行的组织保证。没有体育管理机构，体育管理就缺乏系统性，因此，体育管理机构是体育管理主体不可缺少的重要组成部分。然而，体育管理机构的设置是否科学、合理、规范，对体育管理的效果有着极大的影响。

综上所述，优秀的体育管理主体应能够适应各种复杂环境的变化，能够设计适合的运作框架和机制，能够准确地执行体育计划，能够使决策符合体育组织的利益，实现体育组织的目标。

二、体育管理的客体

客体是指主体实践活动和认识活动所指向的对象,哲学上同主体相对,两者构成人的实践活动和认识活动的一对基本范畴。体育管理的客体是体育管理活动的作用对象。体育组织内的管理客体是一个很大的范围,概括地讲,主要包括以下内容:

(一)体育组织中的被管理者

体育组织中的被管理者均是体育管理的客体,他们负责执行体育组织分配的各项工作任务,按照一定的规则进行工作,以求获得良好的工作成绩。他们是体育管理工作中积极又活跃的因素。体育组织管理目标的实现最终取决于被管理者的协同与配合。

在体育管理的客体中,最重要的就是作为体育管理客体的体育人力资源。尽管他们是被管理者,但在工作过程中,发挥被管理者的想象力和工作积极性是非常重要的。因此,每个被管理者也都是他们工作岗位和工作领域中的体育管理主体。

(二)体育组织中的资源类型

任何一个体育组织在维持生存、发展的过程中,都必须拥有一定的资源。一般来说,体育组织应具有以下类型的资源:

一是金融资源,即货币资本。由于货币资本可以购买物质资源,以及用于体育人力资源中的运动员转会,因此金融资源是体育组织在一定时期内所掌握和支配的物质资料的价值体现。体育管理活动离不开财力的支撑,但如何使金融资源效果最大化，则是衡量体育组织系统功效高低的主要标志之一。

二是物质资源。物质资源是由固定资产、低值易耗品及材料三者构成的，如体育运动场馆、体育教学仪器、办公用品等。对于物质资源的管理，其目的在于提高物质资源的使用率。

三是时间资源。一个高效能的体育组织管理系统，必须考虑如何充分利用时间，以便尽可能在短时间内取得更好的效果。

四是信息资源。信息资源指在日常体育管理工作中所需的各类信息资料。信息是体育管理工作的命脉，是一种与人力、财力、物力同等重要的宝贵资源，它已成为体育管理工作中的重要因素。

五是关系资源。关系资源是指体育组织与其他组织，如政府、社团、银行等方面的合作程度。体育组织的存在不是孤立的，必须与其他组织保持一定的关系，而这种关系有时会有助于体育组织目标的实现。

体育人力资源、金融资源、物质资源、时间资源、信息资源、关系资源等均是体育管理的客体，它们在体育管理主体的作用下，经过特定的技术转换过程，成为体育组织成果。

（三）其他体育管理的客体

在体育组织向外扩张和发展的过程中，相关的人、财、物、时间、信息也就成了体育组织管理的客体，只是这类管理客体不是很确定，而是会经常变动。

三、体育管理的目的

体育管理的目的是实现体育组织的目标效益和经济效益。这不仅是满足国家利益的需要，也是最大限度地满足人民物质和文化生活的需要。对这一目的的理解，需要弄清以下两个关系：

（一）效率与效益的关系

效率是指单位时间内所取得的效果，反映了劳动时间的利用状况，与效益有一定的联系。

效果是指由投入经过转换而产生的有用成果，其中，有的是有效益的，有的是无效益的。

效益是有效产出与投入之间的一定比例关系。一般来说，效率高，效益就好。但是效益与效率并不一定总是一致的，因为效益取决于系统的目标方向正确与否，从以下公式看：

$$效益 = 效率 \times 目标方向$$

如果目标方向正确，则效益与效率成正比，效率越高效益越大；如果目标方向错误，则效益与效率成反比，效率越高损失越大。

（二）社会效益与经济效益的关系

效益的评价可以从社会和经济这两个不同的角度去考察，即社会效益与经济效益。经济效益是社会效益的基础，而社会效益又是促进经济效益提高的重要条件，两者之间有着紧密的联系，但是两者又是有区别的，主要表现为以下两点：一是经济效益较社会效益更直观；二是经济效益可以用若干经济指标进行计算和考核，而社会效益则难以计量，必须借助其他形式来间接考核。

四、体育管理的中介

体育管理的中介，也可以认为是体育管理的方式，是指为实现体育管理目标而采用的手段、方法、途径、步骤等的总称。有效的体育管理中介是保证体育管理活动顺利进行、实现体育管理目标的重要因素。体育管理的中介包括各种体育管理的手段和方法。

体育管理的手段包括管理法规、管理信息和管理工具等。其中，管理信息既是管理的对象，又是管理的手段和工具。运用现代信息管理技术不仅可以提高管理效率，也是实现管理现代化的一个重要标志。管理工具包括信息网络、计算机等。

体育管理的方法是用来达到体育管理目的、实现体育管理目标的手段和途径。不同层次的体育管理方法构成体育管理的方法体系。要想实现管理的目标，除了遵循管理的原则外，还必须探究管理方法。离开了管理方法，一切管理任务都无法完成。

五、体育管理的环境

体育管理的环境既包括体育管理主体和体育管理客体所组成的组织内部环境，又包括政治、经济、文化、法律、自然等组织外部环境。体育管理的外部环境既决定着管理主体、管理客体及管理目标的性质，又决定着体育管理方式的具体采用。

组织是一个开放的系统，组织内部各层级、各部门之间，以及组织与组织之间，每时每刻都在交流信息。任何组织都处于一定的环境中，并与环境发生着物质、能量或信息的交换关系，脱离一定环境的组织是不存在的。组织是在不断与外界交流信息的过程中发展和壮大的。所有管理者都必须高度重视环境因素，使组织的内外要素互相协调。

第三节　体育管理的创新

体育管理是一种动态的创造性活动，缺少创造性，体育管理活动就会缺乏活力。因此，时刻追求体育管理的创造性，即体育管理的创新，就成为体育管理者永恒的追求。

一、体育管理创新的内涵与外延

（一）体育管理创新的内涵

创新理论的创立者熊彼特（Joseph Alois Schumpeter）认为，创新是指企业家实行对生产要素新的结合，其内涵可概括为创造一种新产品或将原有产品赋予新的功能，采用一种新的生产方法，开辟一个新的市场，获得重要物料的新供给来源，实行一种新的企业组织形式等。

现代管理学之父德鲁克（Peter Ferdinand Drucker）将创新推广到管理，提出"社会创新"的概念。他认为创新就是赋予资源以新的创造财富的能力。企业的管理创新具有多层面、全方位、全过程、全员性、新颖性、无规则、高风险等特征,从而使得企业管理创新的空间巨大、形式多样。一般认为,管理创新是指创造一种更有效的资源整合范式。创新不仅是技术上的,还贯穿于管理活动的方方面面。

体育管理是一个动态的过程,体育管理系统的动态性表现为组织资源、组织环境、组织文化、管理方式等均是处于不断变化与调整中,绝对孤立、静止的管理系统是不存在的。任何一个管理系统都需要不断与外界发生信息和能量的交换,以获取存续的各种条件。同时,任何一个管理系统如果不能在发展变化中有所创新,那么同样也不能获得存续的永久性动力。管理主体的创新是其内在心智模式和社会、组织等因素相互影响产生的一种效应。管理主体的创新能力基于个体的创新意识,是优秀管理主体最重要的能力,没有这样一种管理能力,成功的管理则无从谈起。

(二)体育管理创新的外延

1.管理思路创新

现代体育组织要想实现快速、可持续的发展,首先要在管理思路上创新并付诸实施。事实上,体育组织在管理思路方面的创新具体包含以下几个方面:新的发展战略、新的管理理念、新的经营策略、新的经营思路与方法。管理思路的创新对体育组织来说并不是一件容易的事,然而,一旦实现就会成为体育组织制胜的法宝。我国的体育管理应根据经济、社会发展对体育需求的新情况,确立体育发展的新思路。

以往,我国体育发展战略目标的制定过分依赖计划经济,不能突破各种条条框框，从而大大限制了体育的发展。在社会主义市场经济体制下，我国体育事业的发展需要在积极争取政府支持的情况下，大力依靠社会力量，通过调整与创新，整合各种社会资源，充分发挥体育在促进经济发展中的作用。

2.组织结构创新

体育组织系统的正常运转，既要求具有符合体育组织及其环境特点的运行制度，又要求具有与之相应的运行载体，即合理的组织形式。因此，体育管理创新必然要求组织形式的变革与发展。

从组织理论的角度来考虑，体育组织是由不同成员担任的不同职务和所在岗位的结合体。这个结合体可以从机构和结构这两个不同的层次上分析。所谓机构，是指体育组织在组建时，根据一定的标准，将那些类似的或有密切关系的职务或岗位归并到一起，形成不同的管理部门。它主要涉及体育运动的横向分工问题，即把体育业务的管理活动分成不同部门的任务。而结构则与各管理部门之间，特别是与不同层次的管理部门之间的关系有关，它主要涉及体育运动的纵向分工问题，即所谓的集权和分权问题。由于机构设置和结构的形成受到体育活动的内容、特点、规模、环境等因素的影响，因此不同的体育组织有着不同的形式，同一体育组织在不同的时期，随着业务活动的变化，其机构和结构也需要进行调整。

我国体育组织是在计划经济体制下建立起来的，有着明显的时代特征。随着社会主义市场经济体制的建立和发展，随之而来的是体育体制的改革。为了适应这种新的变化，就必须进行体育组织机构和结构的创新。

3.管理方式创新

体育管理的方式是对实现体育管理目标的方法、手段、措施及对策的总称。现代体育的一个显著特点是在体育活动过程中广泛运用先进的理论和科学技术。体育管理的方式创新不仅包括体育运动的理论、技术与方法的创新，还包括体育设施、体育器材等方面的创新。例如，在社会体育方面，实行体质监测，使人们的体育健身锻炼建立在科学指导的基础上；在竞技体育方面，则是在科学理论的指导下，采用科学的训练方法，应用新器材、新设备。体育管理方式创新，不仅可以提高运动员的运动技术水平，而且可以满足人们的多种体育需要。

4. 管理制度创新

体育管理制度创新包含体育组织的行政制度、管理制度等方面的创新。体育管理制度包括对体育组织的人员、设备、资金等各种要素的取得和使用的规定。体育管理制度的创新在于不断地追求和实现体育领域内权力和利益分配的平衡。同时，也只有建立一套新的制度，才能对运动员的商业活动起到规范、约束的作用。

5. 管理环境创新

环境创新不是指体育组织为适应外界环境而调整内部结构或活动，而是指通过体育组织积极的创新活动去改造环境，引导环境向着有利于体育发展的方向变化。例如，体育组织的公关活动和广泛宣传不仅影响政府体育政策的制定，也会影响社会群众的体育需求。

积极培育体育市场，加快发展体育产业是社会主义市场经济体制下我国体育发展的重要目标。加快体育产业的发展是建立社会主义市场经济体制的需要，符合我国经济结构战略性调整的要求。要实现体育产业的健康、持续、高效发展，必须构建良好的体育市场生态环境。这就意味着如果不进行体育市场环境的创新，就不能构建良好的体育市场竞争环境，体育产业的管理工作将会面临更大的挑战与困难。可见，体育管理环境的创新与其他管理方面的创新具有同等重要的意义。

二、体育管理创新的类型

（一）局部创新和整体创新

从创新的规模以及创新对系统的影响程度来分析，体育管理创新可以分为局部创新和整体创新。局部创新是指在系统性质和目标不变的前提下，系统活动的某些内容、某些要素的性质或其相互组合方式等发生变动。整体创新则往往改变系统的目标和使命，涉及系统的目标和运行方式。

（二）消极防御型创新和积极进攻型创新

从创新与环境的关系来分析，体育管理创新可以分为消极防御型创新和积极进攻型创新；消极防御型创新是指外部环境的变化对系统的存在和运行造成了某种程度的威胁，为了避免威胁或由此造成系统损失的扩大，系统可以在内部展开局部或全局性的调整；积极进攻型创新是在观察外部世界运动过程中，敏锐地预见未来环境可能提供的某种有利机会，从而主动地调整系统的战略和技术，以积极地利用这种机会，谋求系统的发展。

（三）初期创新和运行过程中创新

从创新发生的时期来看，体育管理创新可以分为初期创新和运行过程中创新。系统的组建本身就是社会的一种创新活动。系统的创建者在设计系统的目标、结构、运行规划的时候，本身就要求有创新的思想和意识，创造一个全然不同于现有社会组织的新系统，寻找满意的新方案，取得优秀的新要素，并以合理的方式组合使系统进行活动。在系统的运行过程中，系统的管理者要不断地寻找、发现和利用新机会，更新系统的活动内容，调整系统的结构，扩展系统的规模。

（四）自发创新和有组织的创新

从创新的组织方式上看，体育管理创新可以分为自发创新和有组织的创新。任何体育组织都是在一定环境中运行的开放系统，环境的任何变化都会对系统的存在方式产生一定影响，体育组织在接收到内部与外部的环境变化信号以后，必然要在工作内容、工作方式、工作目标等方面进行积极或消极的调整，以适应变化的要求。这时，体育组织的管理人员要积极地引导和利用各要素的自发创新，使之相互协调并与有计划的创新活动相配合，使整个体育组织内部的创新活动有计划、有组织地展开。

三、体育管理创新的过程

体育管理创新的过程是指从创新构思产生到创新结果实现，直至创新成果的应用等一系列活动的实施过程。体育管理创新的过程是体育运动实践中从寻找问题到提出构想、采取行动等环节的持续活动过程。体育管理创新作为一个过程，可以分成以下阶段：

（一）创意形成阶段

创意形成阶段，即产生创意的阶段。有创意才会有创新。体育管理的创新往往是从组织的变革、资源的改变、环境的变化及观念的转变开始的。由于诸多因素的变化,给体育组织的管理者提出了许多新问题,他们发现并着手去解决这些新问题,创新过程便开始了。体育管理者可能会有各种创意,但真正产生好的创意绝不是一件容易的事,它往往要受到体育管理者的素质、管理环境等多种因素的影响和制约。

(二)创意筛选阶段

创意筛选阶段是指在产生了许多创意之后,需要根据组织的现实状况,以及组织外部环境的状况对这些创意进行筛选,看其中哪些有实际操作的意义。在体育实践中,体育管理者敏锐地观察到新问题、新矛盾以后,要透过现象分析其原因,并据此分析和预测未来的发展趋势,估计它们可能给体育组织带来的积极和消极后果,在此基础上,努力利用机会,或将威胁转化为机会,采用迅速决策等方式解决问题,消除不良现象,使体育组织在更高层次上实现突破。对创意进行筛选是由组织内部或与组织有关的人员进行的。不过,这些人员需要有丰富的管理经验、极好的创造性潜能及敏锐的分析、判断能力。

(三)创意验证实施阶段

创意验证实施,即通过一系列具体的操作设计,将创意变为一项确实有助于组织资源配置的管理方式,而且确实在组织的管理过程中得到验证。创意的验证实施是整个管理创新过程中非常重要的阶段,许多好的创意往往由于找不到合适的具体操作设计,从而导致这一创意最终无法成为创新性的成果。创新的构想只有在不断地尝试中才能逐步完善,只有迅速地行动才能有效地利用机会。

从体育管理创新的三个阶段来看,它们是一个不断反馈的过程,有创意的人和对许多创意进行筛选的人,如果并未进行创意的操作设计和实施,那么这些人是不能称为管理创新的主体的。同样,仅仅进行创意具体操作方案的实施,而自己并无创意的人也不能称为管理创新的主体,充其量只能算是参与管理创新的工作。管理创新的主体应该是自始至终参与三个阶段的工作,能够有自己的创意,并成功地将其付诸实施。

四、体育管理主体创新的特征和条件

(一)体育管理主体创新的特征

管理心理学认为,个体的创新能力与其气质、动机、情绪、习惯、态度、观念、才能等方面有着密切的关系。富有创新能力的体育管理主体通常有下列特征:

1. 兴趣广泛

具有广泛兴趣的人对任何事物都有一种好奇心理,往往能从习以为常的现象中发现"异常"之处,在细节中产生创意。没有任何兴趣的人通常不会有创意,因为其看不见可能创新的方面。

2. 敏锐的洞察力

具有敏锐洞察力的人往往能及时找出实际存在与理想模式之间的差距,能察觉到别人未予注意的细节,能不断发现人们的潜在需要。

3. 具有系统思维和辩证思维

具有系统思维和辩证思维的人善于举一反三、触类旁通,能想出较好的办法,提出令人耳目一新的主张。

4.富有独立意识

富有独立意识的人对现成的事物和看法不盲从，不人云亦云，敢于脱离固有观念的窠臼，坚持自己的主张。

5.具有自信心

具有自信心的人深知自己所做事情的价值，即使遭到阻挠和非难，也不改变初衷，总是勇往直前，直至成功。

6.直面困境

直面困境的人敢于面对常人无法忍受的挫折，鼓足勇气，大胆探索，不屈不挠，不怕失败，直至目的实现。

（二）体育管理主体创新的条件

1.要有强烈的创新意识

就创新主体而言，首先，创新意识体现在其能够敏锐地发现组织发展的大趋势，能够找到关键性的问题，分析其背后的深层原因，并结合组织的特点提出一些有价值的创意。其次，创新意识反映在创新主体的文化气质、价值观上。创新主体能否树立创新意识，既与其文化素质和业务能力有关，也与其价值观导向有关。

2.要有深厚的理论功底

理论是行动的指南，创新的过程就是在科学理论的指导下，不断探索规律的过程。个体要提高创新能力，就需要有扎实的理论知识和丰富的实践经验。从某种意义上说，创新能力的高低与个体拥有知识的多少是成正比的，而知识的获取多在于后天的学习。

3.要有辩证的思维方式

体育运动事业的快速发展，必然要求我们的思维方式也跟着发生变化，由封闭走向开放、由守旧走向创新、由单一走向多维、由线性走向立体，具有鲜明的时代性、超前性和开拓性。

第一，要有超前性思维。超前性思维是对未来的创新工作进行超前思考，以取得创新的主动权，从本质上说是总结过去、立足现实、着眼于未来。任何一项事物都在不断地发展，如果我们站在发展的前沿，我们的思维能捕捉和把握发展的趋势，因势利导地思考问题、提出问题，就可以避免一些错误行为的产生。

第二，要有联想性思维。联想是形成科学创新的一条重要途径。各运动项目虽不同，但运动技术有许多相似或相同之处，可以相互借鉴、模仿、再创造。

第三，要有逆向性思维。一切事物都有两面性，从相反的角度去思考，有时会"柳暗花明又一村"。

第四，要有发散性思维。发散性思维是一种从不同角度、不同途径去设想、探索多种答案，最后使问题获得圆满解决的思维方法。其特征在于大胆创新，不受既有观念的束缚。

4.要不断设定创新的目标

创新活动需要有明确的创新目标，因此，创新目标就成为开展创新活动的必要条件之一。然而，创新目标比一般的目标更难确定，这是因为创新目标更具不确定性。但是，如果没有一个恰当的目标，就会浪费组织资源。

5.要有良好的创新氛围

创新主体是否有创新意识，能否有效发挥其创新能力与所处的创新氛围有关。在良好的创新氛围下，人的思想活跃，新点子产生得多且快；反之，不利于创新的氛围则可能导致人的思想僵化、思路堵塞,头脑一片空白。

头脑风暴法是激发个体创新的一种有效方法,这种方法的有效使用有助于营造一个良好的创新氛围,使人们可以自由地表达自己的各种想法,提出自己的新见解,最终通过讨论获得群体认同,实现创新的目的。

第二章 高校体育管理理论基础

第一节 高校体育管理的内涵、原则与特点

一、高校体育管理的内涵

所谓高校体育管理，就是高校体育的管理者通过一定的方式整合资源，以实现高校体育目标的一种活动。

我国学校体育的根本目标是增强学生体质、促进学生身心健康，培养学生的终身体育意识及能力，使其成为德智体美劳全面发展的社会主义接班人。

高校体育目标可以划分出一定的层次。围绕高校体育总目标，根据各项体育工作的特点与要求，可以将其分解成下一个层次的目标，如体育教学目标、课外体育锻炼目标、课余运动训练目标、课余运动竞赛目标、科学研究目标等。此外，这些目标还可以分解成各具体目标。

高校体育目标的结构及层次反映出高校体育的目标体系，即不同目标共同配合，以实现高校体育的总目标。而对高校体育各项工作的管理，可以逐步实现上述高校体育的不同目标。因此，高校体育管理的总任务就是通过各种管理职能合理地整合资源，发挥资源的最大价值，以保证各项体育目标的实现。

我国高校体育管理的具体任务包括：①明确学校体育工作开展的指导思想和学校体育发展目标；②建立健全学校体育的各级管理机构，制定一整套管理法规，明确各有关管理机构和人员的管理职责；③科学制定学校体育管理的各种文件，使之适应学校体育发展的需求；④合理组织学校体育各方面、各环节的活动，确保各项活动低耗、高效开展；⑤协调学校体育各管理部门和学校体育内、外部的各种关系，为学校体育工作的顺利开展提供必要的物质、技术基础以及创造良好的育人环境；⑥定期对学校体育管理工作进行检查评估，促进体育教学质量的不断提高和学生体质的不断增强。

二、高校体育管理的原则

高校体育管理必须依据国家各时期教育改革和发展规划，有关部门对学校体育工作的要求，以及学校工作规划，实行系统管理。高校体育管理的原则主要包括整体性原则、导向性原则和可控性原则。

（一）整体性原则

高校体育管理是学校教育管理的一个组成部分，它要为实现学校管理目标服务，培养学生成为德智体美劳全面发展的社会主义接班人。高校体育管理者应在这一目标的基础上开展各项工作，既要防止片面夸大体育在学校教育中的作用，又要充分发挥体育在增强学生体质、培养学生意志品质等方面的作用，还要从整体上协调好学校体育工作的各方面关系，正确处理体育教学、课余体育训练、体育锻炼及运动竞赛之间相互联系、相互制约的关系，要充分发挥它们各自的作用，根据各个时期学校的任务有所侧重地突出重点，使之能始终围绕完成学校教育目标开展工作。

（二）导向性原则

高校体育管理的目标在于完成国家赋予高校"育人"的重要任务。高校应结合各个时期的工作重点，提出不同阶段的工作目标。因此，作为子系统的高校体育管理系统，必须依据各级政府及有关部门所制定的阶段发展规划，结合每一时期（阶段）本地区高校体育发展水平，制定出相应的措施及办法。

（三）可控性原则

可控性原则就是指在实施计划的过程中，通过不断检查、评估和控制，保证整个系统顺利开展工作。高校体育管理的控制主要通过检查、评估执行，通过检查、评估发现哪些工作得到贯彻落实，哪些工作在执行中出现问题，哪些方面需要作出修改。评估结果及意见反馈到决策部门后，要对出现的问题加以修正，使原定目标更能切合实际。例如，在体育教学中，教师按预定的计划组织学生练习，在练习过程中，教师对学生的练习作初步评价，根据学生掌握的情况及时调整或改变教学方法，以便能更好地完成预定的教学目标。

三、高校体育管理的特点

（一）教育性

高校体育具有教育的重要功能，因此，要充分调动教师、学生及各级各类管理干部的积极性，这是提高管理效益的重要环节。在制定与执行各种体育管理法规的同时，思想教育要始终贯穿高校体育管理的全过程，特别是对学生的管理工作，更应将"育人"放在首位。

（二）方向性

方向性是指高校体育管理必须贯彻党的教育方针，为实现学校教育的总目标服务。因此，高校体育各个层次的工作人员要摆正体育在学校教育中的位置，正确处理体育与其他教育活动之间的关系，通力合作，以实现整合效应。

（三）阶段性

首先，不同年龄阶段的学生具有不同的特点。其次，学校工作是按学期或学年来安排的，上、下两学期的体育教学内容应具有一定的差异性，从而使每学期的工作保持一定的独立性。因此，不同学期、不同年龄段学生的体育管理，应体现出阶段性的特点，并在管理方式上有所区别。

（四）系统性

高校体育是一个动态的、复杂的、多变的系统，在运行中出现的各种问题如不及时解决，就会干扰高校体育工作的健康发展。要使该系统协调运转，就必须不断提高高校体育的管理效能。为此，需要建立一个强有力的整合系统，完善各种制度及控制手段，不断获得各种管理信息并及时反馈，以维持高校体育管理系统的动态、良性发展。

第二节 高校体育管理学的基础知识

一、体育管理学的性质

（一）体育管理学是一门部门管理学

管理学是以各种管理工作中共性的、普遍适用的规律和方法为研究对象，但是它难以适应不同类型、不同部门管理工作的特殊规律与方法，这就需要各个不同部门的管理学去研究各自特殊的规律与方法。例如，企业管理学研究企业管理活动中的规律和方法，学校管理学则研究学校管理活动中的规律与方法，而体育管理学则是研究体育管理活动中的规律与方法。因此，体育管理学是一门在管理学指导下的部门管理学。

（二）体育管理学是一门软科学

体育管理学所研究的体育管理，虽然与人们体育实践中各种运动行为规律有着密切的联系，但它所研究的是如何协调人们共同参与体育实践中的各种关系。正如物质生产领域中，管理学不研究社会生产过程中直接物质生产活动（硬）的规律，而专门研究如何协调人们行为（软）的规律，从而获得整体的高效率。因此，体育管理学与管理学一样，是一门软科学。

（三）体育管理学具有双重分类属性

丰富多彩的体育实践活动是体育管理学赖以产生、发展的基础和源泉。就体育管理学内容的分类属性来看，其直接来源：首先，现代管理科学的理论、方法和技术构成了体育管理学的方法学基础；其次，体育科学的理论、知识构成了体育管理学的认识论基础。因此，体育管理学具有双重分类属性，它既属于现代化管理科学，又属于现代体育科学。

（四）体育管理学是一门综合性的应用科学

体育发展到今天，其内容极为丰富、规模十分庞大。体育实践涉及自然、社会众多复杂的因素。因此，体育管理学的内容必然广泛涉及自然科学、社会科学，同时，与哲学、心理学等学科有着密切的联系。所以，体育管理学又是一门综合性的科学。

二、体育管理学与相邻学科之间的关系

体育管理学是体育社会科学中的一门重要科学，它与许多学科（如经济学、社会学、伦理学、法学、数学）有着密切的联系。

（一）体育管理学与经济学之间的关系

经济学是研究各种经济关系和经济活动规律的科学。经济学和管理学是相互借鉴、互相促进的。一方面，经济学为管理学提供了基础经济理论支持，管理经济学就是以此为己任的经济学分支；另一方面，对管理学所提出的实际问

题的研究有助于经济理论的不断修正和发展，如管理决策学派创始人西蒙（Herbert Alexander Simon）通过对管理组织决策过程的研究，提出了"有限性"和"令人满意准则"两个基本命题，这两个基本命题对微观经济学的基本命题提出了挑战，促进了经济学的发展。但是，这两门学科之间存在较大差异。管理学是一个开放的知识体系，它吸收了大量的经济学知识，甚至可以认为管理学就是以微观经济学为基础的。与管理学相比，经济学有自己固有的研究方法，任何没有用数学语言表达的知识都难以进入主流经济学领域。此外，经济学与管理学的区别还体现在"人性的假设"上，主流经济学侧重"理性人假设""坏人假设"，而管理学的人性假设分歧较大，存在"经济人假设""社会人假设""复杂人假设""文化人假设"，从而形成了管理学的不同流派或学派。

体育管理学长期以来侧重对体育行政组织和事业单位管理效率的研究。随着社会主义市场经济体制的不断完善，体育投资主体的逐渐多元化，体育管理学与经济学之间的联系也越来越密切，迫切需要从经济学中汲取营养来充实和完善现有的体育管理学。

（二）体育管理学与社会学之间的关系

社会学是以人类的社会生活为研究对象，揭示人类各历史阶段的各种社会形态的结构、发展过程和发展规律的科学。管理学与社会学在学科性质与研究方法上存在一定的相似性：从学科性质上，二者都是为了解决社会存在的问题，提高社会组织运行的效率而产生的。只不过管理学侧重对体育管理组织的资源配置和管理效率进行研究，而社会学则侧重对整个社会系统进行研究。从一定意义上讲，社会学就是宏观管理学。从研究方法上，二者都认为凡是能够达到研究目的的方法都可以采纳。但二者在一定程度上又是有区别的。社会学与管理学一样,都是将人作为研究的对象,但社会学研究的是人与社会、人与人的关系,主要是为了客观地说明社会良性运行和协调发展的条件和机制。总的来说,管理学的研究对象更加具体、明确,而社会学的研究对象则显得宽泛、模糊。

(三)体育管理学与伦理学之间的关系

伦理学是研究道德本质和发展规律的科学。它对人们的社会道德、风俗习惯、信仰、社会舆论进行规范,达到一种非强制、自觉和广泛的控制效果,这与体育管理学所追求的伦理控制目标是一致的,这是两学科相联系的共同基础,它们彼此互相补充、互相促进。两学科的区别则在于伦理学所研究的范围更加宽泛,而体育管理学的研究范围仅限于体育领域的伦理控制。

(四)体育管理学与法学之间的关系

法学是研究"法"及其发展规律的科学。制定法律、法规及规章是对一定的社会行为进行规范,达到控制的目的,这与体育管理的制度控制和组织控制的目标是一致的。法学的法律控制是体育管理学的重要方法,并成为体育管理学的重要内容之一。

(五)体育管理学与数学之间的关系

数学具有高度抽象性、精确性、普遍适用性和独特的公式化定理,它为运动现象提供了定量的研究方法。体育管理学作为管理学的一个分支,开始主要侧重行政管理,随着我国体育管理体制的不断完善和体育管理领域的不断拓展,体育管理开始向其他营利性组织发展。定性的管理研究已不能满足体育管理发展的要求,体育管理开始借助一些管理模式、系统理论、计算机技术,以求得资源的最优配置。在建立模式和求解的过程中,往往要用到一些数学理论与方法。体育管理学的发展需要数学作为基础,为体育管理学提供相应的方法论,促进管理学由以定性研究为主向定量研究发展,提高其科学化水平。同时,体育管理学中的一些复杂问题的解决也丰富了数学研究领域。

三、学习高校体育管理学的意义

随着我国改革开放的不断深入,体育事业的不断发展,体育规模的不断扩大,体育管理难度的也在不断加大,高校体育管理学的重要性已愈来愈凸显,也正在被越来越多的人所认识,学习高校体育管理学有着非常重要的意义。

(一)学习高校体育管理学有利于促进体育事业的发展

高校体育管理学来源于体育管理实践,通过实践的总结、分析,升华为理论。高校体育管理学就是通过不断地实践逐步充实、逐步完善;反过来,体育管理理论又用来指导体育管理实践。

有人曾指出,现代体育发展离不开三件东西:一是"硬件",指科学技术、场地设施;二是"软件",指科学管理;三是"活件",指人的积极性。事实证明,体育管理学有利于促进体育事业的发展。过去,一些体育管理者习惯于凭经验进行管理,结果事倍功半。实际上,认真学习高校体育管理学的相关理论,用理论指导实践,是提高体育管理工作效率,促进体育事业快速发展的基本途径。

（二）学习高校体育管理学能加强体育管理人才的培养

体育竞争、科技竞争，归根结底是人才的竞争。体育管理人才是整个体育人才队伍中至关重要、不可缺少的组成部分。一个单位、一个部门的管理者，尤其是领导者的水平、素质高低，往往成为决定这个单位、这个部门工作成效和发展前途的关键。近年来，我国体育管理人才队伍的建设有了长足进步，整体素质有了较大提高。但是，我们也应该看到，我国体育管理人才队伍中还存在不少问题，有的人事业心不强，有的人文化水平较低，有的人未经系统的专业学习，等等。

当前，体育管理人才培养中不可忽视的几个方面：一是加强体育管理的理论知识学习，掌握体育管理的一些基本原理、原则、方法，并善于在体育管理实践中灵活运用；二是学会科学地组建机构、建立规范，依法管理；三是懂得管理的核心是协调，树立以人为本的管理理念；四是掌握控制的基本方法和形式，不断提高体育管理工作效果；五是树立创新观念，在体育管理实践中创新思维、创新工作。

（三）学习高校体育管理学是实现"两个计划"目标的需要

"全民健身计划"和"奥运争光计划"（下文简称"两个计划"）是我国体育工作的基本任务、基本内容、基本措施的体现，"两个计划"实施的情况如何，直接影响我国体育工作任务能否实现。"两个计划"中，每一个目标的实现、每一个步骤的进行，均需要周密的筹划、科学的管理。"两个计划"目标的实现需要广大体育工作者，特别是体育管理干部认真学习体育管理理论知识和方法，提高自己的管理水平。

管理是人类社会发展到一定阶段的必然产物，它是推动社会政治、经济、文化发展的重要因素。体育管理是体育管理者对管理客体通过计划、组织、领导、控制等职能，协调他人的活动，实现既定目标的活动过程。

（四）学习高校体育管理学能加快和深化体育改革

随着我国改革开放的深化和社会主义市场经济体制的确立，体育事业要有进一步的发展，必须走深化改革的道路，体育事业的根本出路在于改革。体育事业的管理体制和运行机制也必须随着经济体制的改革而改革。

就体育领域来讲，加快改革的步伐，探索发展体育事业的新路子，迫切需要加强对高校体育管理学的学习和研究。只有在体育管理科学理论的指导下，遵循体育管理的基本原理和原则，运用科学的方法和手段，才能促使体育改革健康、深入地发展，从而把握机遇，开创体育工作的新局面。

第三章　高校体育管理职能

第一节　高校体育管理的计划职能

一、计划与体育计划

（一）计划

1.计划的含义

计划是指根据实际情况，通过科学预测，权衡客观需要和主观可能，提出在未来一定时期内要达到的目标，以及实现目标的途径。计划工作一般有广义和狭义之分：广义上的计划工作是指制订计划、执行计划和检查计划执行情况三个紧密衔接的工作过程；狭义上的计划工作则指计划的制订。

计划是管理的首要职能，是组织生存的必要条件。任何一个组织的存在都有一定的目标，而目标的实现有赖于一系列计划的制订和执行。

2.计划的任务和内容

计划是一种协调过程，它给管理者和非管理者指明方向；计划可以减少不确定性，使管理者能够预见行动的结果；计划还可以减少重复性和浪费性的活动；计划设立目标和标准以便对过程进行控制。

具体来说，计划工作的任务，就是根据社会的需要以及组织的自身能力，通过计划的编制、执行和检查，确定组织在一定时期内的奋斗目标，有效地利用组织的人力、物力、财力等资源，协调安排好组织的各项活动，取得最佳的经济效益和社会效益。

计划的内容通常用 5 个"W"和 1 个"H"来表示：

What to do?（做什么？）这是要明确计划工作的具体任务和要求，明确每一个阶段的中心任务和工作重点。例如，学校培养计划的主要任务是确定设立哪些专业，招生对象是谁，招生数目是多少，在保证教学质量的基础上打造自己的特色。

Why to do?（为什么做？）这是要明确计划工作的宗旨、目标和战略并论证可行性。计划工作人员对组织和企业的宗旨、目标和战略了解得越清楚、认识得越深刻，就越有助于他们在计划工作中发挥主动性和创造性。

When to do?（何时做？）这是要规定计划中各项工作的开始和完成的进度，以便进行有效的控制和对能力及资源进行平衡。

Where to do?（何地做？）这是要规定计划的实施地点和场所，了解计划实施的环境条件和限制，以便合理安排计划实施的空间组织和布局。

Who to do?（谁去做？）计划不仅要规定目标、任务、地点和进度，还应规定由哪个主管部门负责，这样才能把责任落实下去，做到分工明确。

How to do?（怎么做？）规定实施计划的措施，以及相应的政策和规则，对资源进行合理分配和集中使用，对人力、生产能力进行平衡，对各种派生计划进行综合平衡等。

实际上，一个完整的计划还应包括控制标准和考核指标的制订，也就是说，告诉实施计划的部门或人员做成什么样、达到什么标准才是完成了计划。

3.计划与决策的关系

计划与决策是何关系？两者中谁的内容更为宽泛，或者说哪一个概念是被另一个包容的，管理理论研究中对这个问题有着不同的认识。

决策是计划的前提，计划是决策的逻辑延续。决策为计划的任务安排提供了依据，计划则为决策所选择的目标活动的实施提供了组织保证。在实际工作中，决策与计划是相互渗透的，有时甚至是不可分割地交织在一起的。

在制订决策的过程中，无论是对内部能力优势或劣势的分析，还是方案选择时关于各方案执行效果或要求的评价，实际上都是计划的孕育过程。反过来，计划的编制过程既是决策组织落实的过程，也是决策更为详细的检查和修订过程。

4.计划的性质

（1）目的性

任何组织或者个人制定的各种目标，都是为了促使组织总目标的实现或短期目标的实现。计划不仅要明确表达出实现目标所需要的资源，以及所采取的程序、方法和手段，还要明确表达出各级管理人员在执行计划过程中的权利和职责。

（2）首位性

计划的结果可能得出一个决策，即无须进行随后的组织、领导、协调及控制工作等。例如，就一个是否要建立新工厂的计划研究工作来说，如果得出的结论是新工厂在经济上是不合算的，那也就没有筹建、组织、领导和控制一个新工厂的问题了。计划具有首位性的原因，还在于其影响和贯穿于组织、领导、协调和控制等各项管理职能当中。

（3）普遍性

计划的普遍性有两层含义：一是指社会各部门、各环节、各单位、各岗位为有效实现管理目标，都必须具有相应的计划。上至一个国家，下至一个班组，甚至个人，无不如此。二是指所有管理者，从最高管理人员到一线的基层管理人员，都必须从事计划工作。计划是任何管理人员的一个基本职能，也许他们各自计划工作的范围不同、特点不同，但凡是管理者，都必须在上级规定的政策许可范围内做好自己的计划工作。

（4）效率性

计划不仅要确保组织目标的实现，而且要从众多的方案中选择最优的方案，以求得合理利用资源和提高工作效率。计划的作用大小可以用计划对组织目标的贡献来衡量。贡献是指实现的组织目标及所得到的利益，扣除制订和实施这个计划所需要的费用和其他因素后，能得到的剩余。在计划所要完成的目标确定的情况下，同样可以用制订和实施计划的成本及其他连带成本，如计划实施带来的损失、计划执行的风险等来衡量效率。如果计划能得到最大剩余，或者如果计划按合理的代价实现目标，这样的计划便是有效率的。特别要注意的是，在衡量代价时，不仅要衡量时间、金钱，还要衡量个人和集体的满意程度。

（5）科学性

无论作什么计划都必须遵循客观要求，符合事物本身发展的规律，不能脱离现实条件任意杜撰、随意想象。从事计划工作，就是通过管理者的精心规划和主观能动性的发挥，使那些本来不可能发生的事成为可能，使那些可能发生的事成为现实。因此，从事计划工作，应做到以下几点：一是必须有求实的科学态度，一切从实际出发，量力而行；二是必须有可靠的科学依据，包括准确的信息、完整的数据资料等；三是必须有科学的方法，如科学预测、系统分析、综合平衡、方案优化等。这样才能使整体计划既富有创造性，又具有可行性。

（二）体育计划

学校体育计划是指对学校工作的具体安排及规划。学校体育计划管理要求对学校体育整个系统作出全面部署，从宏观管理到微观管理，统一计划，统一实施。在宏观上，要以《学校体育工作条例》为准则，提出实施细则，明确完成任务的具体措施；在微观上，要明确学校体育各方面的具体任务及责任，根据学校的实际情况及学校整体管理的要求，制订全面实施计划并加以贯彻落实。计划是管理过程的首要环节，无论是制订哪一方面的计划都应该遵循规律。例如，制订体育教学工作计划，首先是制订全年教学工作计划，之后是制订学期教学工作计划，再制订单元教学计划，最后编写教案。可以说，没有计划，就无法完成任务。无论是哪一项工作计划，在实践中必须不断接受检验，及时修改与调整。

二、计划的作用

（一）计划是组织生存与发展的纲领

现代社会，变革与发展既给人们带来了机遇，也给人们带来了风险。如果管理者在看准机遇和利用机遇的同时，又能最大限度地减少风险，那么组织就能在机遇与风险并存的环境下得到生存与发展。如果管理者计划不周，或根本没计划，那就要承受十分严重的后果。

（二）计划是组织协调的前提

现代社会的各行各业的组织，以及它们内部的各个组成部分之间，分工越来越精细，过程越来越复杂。要让各个环节和部门的活动都能在时间、空间和数量上相互衔接，既围绕整体目标，又互相协调，就必须有一个严密的计划。

（三）计划是指挥实施的准则

计划的实质是确定目标，以及规定达到目标的途径和方法。因此，计划无疑是管理活动中人们一切行为的准则。它指导不同空间、不同时间、不同岗位的人们围绕一个总目标，秩序井然地去实现各自的分目标。行为如果没有计划指导，被管理者则必然表现为无目的的盲目行动，管理者则表现为决策朝令夕改，结果必然是组织秩序的混乱，事倍功半、劳民伤财。现代社会，可以这样说，几乎每项事业、每个组织，乃至每个人的活动都不能没有计划。

（四）计划是控制活动的依据

计划不仅是组织、指挥、协调的前提和准则，而且与管理控制活动紧密相连。计划为各种复杂的管理活动确定了尺度和标准，它不仅为控制活动指明了方向，还为控制活动提供了依据。

三、制订高校体育计划的程序

（一）计划制订的基础——目标

目标是指期望达到的成果，它为组织整体、各部门和各成员指明了方向，描绘了组织未来的状况，并且作为标准可用来衡量实际的绩效。计划的主要任务就是将组织目标进行层层分解，以便落实到各个部门、各个活动环节，形成组织的目标结构，包括目标的时间结构和空间结构。

（二）计划制订的步骤

1.明确目标

一项计划，首先必须明确目标。例如，战略计划侧重组织目标的制定，而行动计划针对的则是组织目标体系中某一方面的具体目标。计划中目标的表述应遵循以下原则：

（1）具体、可检验

制订计划是为了执行、实施，目标要尽可能具体，即目标内容具体、结果具体、标准具体。空洞的目标不仅无法指导行为，而且无法进行检验。为了保证计划的可检验性，计划指标要尽可能量化。

（2）简明扼要、易懂、易记

为了使执行者理解目标并在实施过程中牢记目标，目标的表述要尽可能简短、易懂、易记。

2.制订战略或行动方案

确定目标以后，就要从现实出发，分析实现目标所需要解决的问题。可按前面讲述的决策过程确定所要进行的各项工作。在各项工作确定后，通过对各项工作之间相互关系和先后次序的分析，画出行动路线图。最后，落实具体的计划执行内容。

3.落实人选、明确责任

在所要进行的各项工作任务明确以后，就要落实每项工作由谁负责、由谁执行、由谁协调、由谁检查。同时，要制定相应的奖惩措施，明确规定完成任务有何奖励、完不成任务有何惩罚，使计划中的每一项工作都落实到部门和个人，并有切实的保证措施。

4.制订进度表

各项活动所需时间的多少取决于该项活动本身所需的客观持续时间，涉及的资源供应情况，以及可以使用资金的多少，根据这三个方面的情况，前后相连的各项工作时间之和即为完成此项任务或实现此项目标所需的总时间。

5.分配资源

资源分配主要涉及需要哪些资源，各需要多少，以及何时投入、各投多少等问题。一项计划所需要的资源及资源多少可根据该项计划所涉及的工作要求确定，不同的工作需要不同性质和数量不等的资源。根据各项工作对资源的需求、各项工作的轻重缓急和组织可供使用资源的多少，就可确定资源分配给哪些工作和各配给多少。一项工作需要何时投入资源、投入多少，则取决于该项工作的行动计划和进度表。在分配资源时，工作人员必须保证各项资源能够满足工作所需，同时，要视环境的不确定程度留有一定的余量，以保证计划顺利实施。

（三）计划的审定

在完成计划初步编制后，还要进行计划的审定。计划的审定主要是评价计划制订的完整性和可行性。如果在计划的审定过程中，发现某一项有缺陷或不合适，就要立即进行修改，以使计划行之有效。

四、制订高校体育计划的方法

（一）目标管理法

"目标管理"这一概念是管理学家德鲁克（Peter Ferdinand Drucker）在他的《管理的实践》一书中最先提出的，之后他又提出"目标管理和自我控制"的主张。德鲁克认为，并不是有了工作才有目标，相反，是有了目标才能确定每个人的工作。所以，企业的使命和任务必须转化为目标。如果一个领域没有目标，这个领域的工作必然会被忽视。管理者应该通过目标对下级进行管理，当管理者确定了组织目标后，必须对其进行有效分解，转变成各个部门及个人的分目标。管理者根据分目标的完成情况对下级进行考核、评价和奖惩。

（二）滚动计划法

滚动计划法是按照"近细远粗"的原则制订一定时期内的计划，然后按照计划的执行情况和环境变化，调整和修订未来的计划，并逐期向后移动，把短期计划和中期计划结合起来的一种计划方法。

由于在计划工作中很难准确地预测影响组织生存与发展的经济、政治、文化、技术、产业等各种变化因素，而且随着周期的延长，这种不确定性也越来越大。因此，如果机械地按几年以前编制的计划实施，或机械地、静态地执行战略性计划，就可能导致出现巨大的损失。滚动计划法则可以避免这种不确定性所带来的不良后果。

第二节　高校体育管理的组织职能

一、组织的含义与构成要素

（一）组织的含义

组织的含义比较广泛。一些学者认为，组织是为了达到管理目标，将管理诸因素协调起来的活动过程，管理的组织职能指这种活动的作用和功能；另一些学者认为，组织是为了达到共同目的，有关人员同心协力，并按一定的程序组成的组织结构形态，如单位组织、学校、医院等。

（二）组织的构成要素

1.共同目标

组织是为了实现一定目标而存在的，这个目标也是各个成员的共同目标。组织目标是使成员结合在一起的基础，其既不同于个人目标，也不是个人目标的简单综合。

2.协作意愿

协作意愿是指组织成员愿意合作，具有为实现共同目标作出贡献的愿望。协作意愿越强烈，成员的工作积极性就越高。具有协作意愿意味着成员对组织的认可，愿意接受组织的协调与控制。

3.信息沟通

信息沟通是指信息在组织内部进行传递、交换、处理、反馈的过程。管理目标的实现是建立在信息沟通的基础之上的。

二、体育管理组织的含义与主要工作内容

（一）体育管理组织的含义

体育管理组织是为了有效地实现既定目标，通过建立体育组织机构，确定工作职责、权限，协调相互关系，使体育管理诸要素合理、有效地配合，形成一个有机整体的活动过程。它包括体育组织的设计和实施两个方面。

（二）体育管理组织的主要工作内容

体育管理组织的主要工作内容：①科学配置体育组织机构，合理划分各级管理组织和各职能部门的职权；②优化配置组织中的各级人员，使组织中每个人各得其所、各尽所能；③建立健全体育组织工作的有关规章制度，使工作有秩序、有步骤地进行。

三、高校体育管理组织的具体职责

（一）高校体育管理的领导系统

1.校长或副校长

校长或副校长的职责如下：

①提出学校体育工作的总目标，制订学校体育工作计划。

②加强对体育教研室（组）和体育教师的领导。

③经常深入实际，检查体育教学和课外体育活动。

④根据学校的规模与结构配备体育教师。

⑤关心体育教师的生活，帮助他们提高业务水平。

⑥明确体育在学校教育中的地位和作用，动员全体教职工关心学生健康。

⑦为学校体育工作提供必要的物质保障。

⑧充分调动学生会组织的积极性，协同一致做好学校体育工作。

2.教导处或体育卫生处

教导处或体育卫生处的职责如下：

①在校长的授权下，管理全校体育工作。

②配备体育教师，推荐体育教研室主任，提交校长任命。

③安排全校的体育教学和课外活动时间表。

④督促检查日常体育工作，研究教学改革措施。

⑤安排体育教师进修，不断提高体育教师的业务水平。

⑥组织学生进行体格检查和体质测定。

⑦审查学校体育工作计划。

3.总务处

总务处的职责如下：

①合理安排体育经费，购置必要的体育设施和器材。

②负责场地建设、维护，以及设备维修。

③教育后勤人员应支持体育工作，做到服务育人。

（二）高校体育管理的组织实施系统

1.体育教研室（组）

体育教研室（组）负责全校的体育工作，其主要职责如下：

①根据党的教育方针和上级部门的体育工作计划，结合学校的工作计划及学校方面的具体情况，会同学校有关部门制订体育工作计划，提交学校领导审批；定期向学校领导汇报工作。

②组织好教研室（组）的政治、业务学习工作，认真开展教研活动，督促教师认真备课，定期检查教师的教学和进修工作；积极组织教师进行学校体育教学改革，关心他们，充分调动其积极性。

③认真组织早操、课间操和课外体育活动，积极推行《国家体育锻炼标准》。

④组织开展课余体育训练和校内外各项体育竞赛活动。

⑤重视学生的卫生健康教育，协同校医定期开展学生的身体机能、素质测定工作，建立学生健康卡片，不断改进学校体育工作。

⑥协助总务部门做好体育场地的修建，以及体育器材的选购、维修和保管工作，教育学生爱护公物，发动师生自己动手制作体育器材。

⑦做好体育的宣传工作，积极培养学校体育工作的骨干力量。

2.体育教师

体育教师是学校体育工作的具体执行者，他们的工作直接关系到学校体育任务的完成情况。因此，明确体育教师的职责有着重要的意义。体育教师的主要职责如下：

①认真学习马列主义、毛泽东思想、邓小平理论，以及国家的教育方针，忠诚党的教育事业；热爱学校体育工作，掌握增进学生身心健康的教学方法，

圆满完成学校体育教学任务。

②根据上级对体育工作的有关指示及学校体育工作计划，认真研究教学大纲和教材。

③深入了解学生和教学实际情况，制订各种体育教学工作计划。

④加强自身业务学习及科研训练，不断提高教学质量；切实组织好早操、课间操和班级体育活动，积极推行《国家体育锻炼标准施行办法》，做好运动队训练工作和校内外各项体育竞赛工作。

⑤协同校医定期检查学生的身体，对学生进行身体机能、素质的测定工作，建立学生健康卡片。

⑥协助总务部门做好体育场地的修建，以及体育器材的选购、维修和保管工作，教育学生爱护公物，发动师生自己动手制作体育器材。

⑦切实做好体育宣传工作，注意培养体育骨干。

⑧以身作则，教书育人，关心学生的成长。

⑨及时总结经验、教训，定期向领导汇报情况，积极提供合理的建议。

3.班主任

班主任是班级的组织领导人，对学生的全面发展负有直接责任。班主任的主要职责如下：

①"三育"同步抓，把班级体育工作列入班级教学工作，组织班干部带领学生积极锻炼身体。

②了解学生各阶段的健康状况和学生在集体锻炼时的表现。

③利用体育的特点，对学生进行思想品德教育，培养优良的班风。

④积极参加体育锻炼，做好表率，协同体育教师完成体育教学任务。

（三）学生体育活动组织

学生会是开展学校体育工作的主要活动组织。学校体育工作开展得是否活跃，与学生体育活动组织对体育工作的管理有直接关系。学生体育活动组织的主要职责如下：

①根据学校及体育教师的有关安排，积极组织学生参加各种体育活动。

②积极做好体育的宣传工作。

③在体育教师的指导下，组织各种丰富多彩的体育活动，积极开展班级之间的体育竞赛，热情为同学服务。

四、高校体育组织的设计

（一）组织设计的任务与要求

1.组织设计的任务

组织设计的任务是提供组织结构图和编制职位说明书。组织结构图通常由方框、箭头、线条组成，其中，方框表示各种管理职位或相应部门，箭头、线条表示权力指向。职位说明书指出该职位的工作内容、职责、权利等内容。

2.组织设计的要求

①以目标、任务为中心，以"事"为中心，因事设机构、设职务、配人员，做到工事配合。

②职责、权力、责任对等一致，在其位，谋其政，行其权，尽其责。

③精干高效，机构精简，队伍精干，人人有事干，事事有人管，负荷饱满，保质保量。

④统一指挥，分级管理，集权与分权有机结合，不越权，不干预直接指挥。

（二）组织结构和组织形式

1. 组织结构

组织结构是指为了有效实现共同目标进行分工协作，而对组织内部各个组成部分的空间位置、结合方式、隶属关系所作的体制形式安排。简而言之，组织结构是组织的框架体系。

2. 组织形式

组织形式有直线式、职能式、直线职能式、矩阵式几种。

（1）直线式

直线式组织中各种职位按垂直系统直线排列，各级主管负责人对所属单位的一切问题负责。该组织形式具有结构简单、权力集中、责任分明、决策迅速、命令统一的优点，适用于各院校体育系管理。

（2）职能式

职能式组织设立若干职能机构，分担该单位的职能管理业务，有权在业务范围内向下级各单位下达指令，享有一定的领导权。其优点是有助于发挥专业管理的作用，减少主管领导的负担，缩减管理程序和工作环节。该组织形式适用于院校研究生部管理。

（3）直线职能式

直线职能式组织将体育组织中机构与人员分为直线指挥系统和参谋职能系统。其优点是命令统一、指挥权集中、利于科学决策、职责清楚、分工明确。该组织形式适用于运动队的管理。

(4) 矩阵式

矩阵式组织是由纵向的各职能部门和技术科室，以及横向的产品、科研项目、服务项目等组成的长方形组织结构。其优点是具有较大的机动性和适应性，有利于发挥各方综合优势。该组织形式适用于体育院校和体育科研机构。

第三节　高校体育管理的决策职能

一、体育决策的概念和意义

（一）体育决策的概念

决策有广义和狭义之分。狭义的决策是指作出决定的行动；广义的决策是指发现问题、分析问题和解决问题的全过程。

体育决策是指为达到某个特定的目标，借助一定的科学手段和方法，从两个以上的可行方案中选择最优方案，并付诸实施的过程。体育决策是体育管理过程的首要环节，它贯穿于体育管理的全过程，直接关系着体育管理的成败。

（二）体育决策的意义

科学的体育决策既是指导当前体育改革的需要，也是建设世界体育强国的需要。现代竞技体育管理的过程实际上就是竞技体育管理者的决策过程。因为竞技体育管理的一切工作都是围绕着制订决策和实现决策进行的。竞技体育的管理者能否根据需要适时作出正确的决策,将直接关系到竞技体育管理工作的成败。

二、体育决策的类型和程序

(一)体育决策的类型

依据不同的标准,决策有多种不同的类型。不同类型的决策有不同的特点,合理区分决策的类型,把握不同类型决策的基本规律,对正确作出决策具有重要意义。体育决策按层次可以分为三大类:战略决策、战术决策和监督决策。这三大类决策相互依附、相互影响,构成了一个完整的决策体系。

(二)体育决策的程序

决策的过程有其内在的规律性,科学的决策必须按照一定的程序来进行。一般来说,体育决策的程序为:根据现代体育决策的目标,针对外部、内部制约条件,对收集到的信息予以分析,然后制定出若干可行性方案并在其中进行选择,最后将选择的最优方案付诸实施,然后不断地进行信息反馈和修正,在此基础上,提出现代体育决策系统模型。

三、体育决策的主要方法

(一)专家会议法

专家会议法就是邀请有关方面的专家,通过会议的形式,对产品、技术等进行评价。在分析、判断的基础上，综合各个专家的意见，对其市场需求及变化趋势作出预测。

使用专家会议法时，需要注意以下几个方面的问题：

①挑选的专家应具有一定的代表性、权威性。

②在进行预测之前，首先应取得参与者的支持，确保他们能认真地进行每一次预测，以提高预测的准确性。同时，也要向组织高层说明预测的意义和作用，取得决策层和其他高级管理人员的支持。

③问题表设计应该措辞准确，不能引起歧义，征询的问题不宜太多，不要问那些与预测目的无关的问题，列入征询的问题不应相互包含，所提的问题应是专家能回答的问题。

④进行统计分析时，应该区别对待不同的问题，对于不同专家的权威性应给予不同权数，不能一概而论。

⑤提供给专家的信息应尽可能充分，以便其作出判断。

⑥只要求专家作出粗略的估计，不要求十分精确。

⑦问题要集中，有针对性，不要过于分散；问题要按等级排队，一般为先简单后复杂、先综合后局部。

⑧调查单位或领导小组意见不应强加于调查意见中，要防止出现诱导现象，避免专家意见向领导小组靠拢。

（二）德尔菲法

德尔菲法，又名专家意见法或专家函询调查法，是依据系统的程序，采用匿名发表意见的方式，即团队成员之间不得互相讨论，不发生横向联系，只能与调查人员发生联系。

该方法主要由调查者拟定调查表,按照既定程序,分别向专家组成员征询意见,而专家组成员又以匿名的方式提交意见,经过几次反复征询和反馈,专家组成员的意见逐步趋于集中,最后获得准确率较高的集体判断结果。

(三)头脑风暴法

在群体决策中,由于群体成员相互影响,少数人易屈于权威或听从大多数人的意见,从而形成群体思维。而群体思维会削弱群体的批判精神和创造力,降低了决策的质量。为了保证群体决策的创造性,提高群体决策的质量,相关学者提出了一系列改善群体决策的方法,头脑风暴法就是较为典型的一个。

头脑风暴法可以分为直接头脑风暴法和质疑头脑风暴法。前者是在专家群体决策时,尽可能激发创造性思维,尽可能产生更多设想的方法;后者则是对前者提出的设想、方案逐一质疑,分析其现实可行性的方法。

采用头脑风暴法进行群体决策时,要集中有关专家召开专题会议,主持者以明确的方式向所有参与者阐明问题,说明会议的规则,尽力营造轻松、融洽的会议气氛。

第四章 高校运动训练管理

第一节 运动训练管理的内涵和体制

一、运动训练管理的内涵

所谓运动训练管理,就是运动训练系统的管理者通过一定方式调控资源,实现运动训练目标的活动。运动训练管理旨在遵循运动训练的客观规律,紧密围绕运动训练全过程,不断改进运动训练的工作方法,为提高运动训练水平服务。根据现代管理的基本原理,结合运动训练管理的特点,一个完整的运动训练管理系统主要由管理者、管理对象和信息三大要素组成。

(一)管理者

运动训练的管理者主要包括各级行政干部及教练员,运动员有时也会成为自身的管理者。在运动训练过程中,教练员担负着培养运动员的重要任务,他们是培养人才的人才。努力建设一支高水平的教练员队伍,是加强运动训练管理的一个重要环节。

（二）管理对象

运动训练的管理对象包括运动训练管理系统中所包含的人员、经费、场地、设施、器材，以及训练体制、机制等。从运动训练管理的目标来看，运动员是主要管理对象，因为运动训练管理的一切效果最终都要通过运动员反映出来。

（三）信息

信息是运动训练管理系统中内外环境沟通的基础。运动训练管理系统的发展受外部信息的影响，而运动训练管理的机制运行则取决于内部信息渠道的畅通。

二、运动训练管理的体制

（一）运动训练管理体制的基本类型

运动训练管理体制是运动训练管理的机构设置、权限划分及管理制度等的总称。运动训练管理体制对运动训练的效果有着直接影响。世界各国根据各自的国情建立了不同的运动训练管理体制，按不同的分类标准，我们可以将其划分为以下几种类型：

1.按层次结构划分

按层次结构划分，运动训练管理体制一般包含若干层次。一般来说，体育运动学校为初级形式，高级运动技术学校和奥林匹克专项训练中心为中级形式，国家代表队为高级形式。

2.按训练性质划分

（1）以专业训练为主的运动训练管理体制

实行这种运动训练管理体制的国家，其训练经费、训练场地建设、训练设备购买等均以国家拨款为主，教练员由国家统一安排，训练与科研一般结合较好，能够较快地培养出高水平运动员。但这种运动训练管理体制容易忽视运动员的文化水平，不利于运动员的全面发展和优秀运动员退役后的工作安排。

（2）以业余训练为主的运动训练管理体制

实行这种运动训练管理体制的国家，其训练经费、训练场地建设、训练设备购买等主要来源于社会资助。教练员一般由运动俱乐部或体育学校聘请并提供相应经费，运动员则自付学费。在这种体制下，运动员的文化教育基本上能够得到保障，因而有利于运动员的全面成长。但是，其科研与训练的结合较为困难，加之各方面的竞争较为激烈，难以满足高水平竞技体育的发展需要。

（3）以职业训练为主的运动训练管理体制

这种运动训练管理体制是市场经济和社会分工不断完善的产物，其实质就是遵循市场经济和体育运动的发展规律来经营体育，从而使体育运动所创造的价值得以充分实现。这种体制目前主要限于一些具有较广泛群众基础、观赏性较强、经济效益较显著的体育项目，如足球、篮球等。

（4）综合型的运动训练管理体制

这种运动训练管理体制既不把运动训练管理权限过分集中在政府，也不完全交给社会体育组织，而是把管理体制建立在政府机构与社会组织相结合的基础上。其主要体现是政府机构进行宏观控制，规划目标，制定方针政策，发挥协调、监督的职能；社会体育组织重点对训练过程进行管理。这种运动训练管理体制相对集中了前面所述几种体制的优点。从发展趋势来看，综合型的运动训练管理体制相对具有更多的优点，更有利于运动技术水平的提高，它代表着世界运动训练管理体制发展的方向。

（二）我国现行的运动训练管理体制

我国现行的运动训练管理体制是依据"思想一盘棋、组织一条龙、训练一贯制"的指导思想所建立的三级训练体制。

在纵向层次上，我国现行的运动训练管理体制可划分为三级：高级训练形式、中级训练形式和初级训练形式。

高级训练形式指国家集训队和各省、自治区、直辖市的优秀运动队。它们作为我国竞技体育的一线队伍，担负着培养优秀运动员、攀登世界体育运动技术水平高峰的任务。

中级训练形式指省、自治区、直辖市体育运动学校、体育院校附属竞技体校和各类青少年业余体校等。它们是我国竞技体育的二线队伍，其主要任务是培养和输送优秀运动员后备力量，同时也为社会培养中等体育专业人才。

初级训练形式指遍布全国的体育传统项目学校和中小学运动队。它们的主要任务是对在体育方面有培养前途的中小学生进行系统的训练，将有发展前途的优秀运动员后备人才推荐给业余体校或上一级训练单位。

在横向层次上，我国现行的运动训练管理体制可划分为三级：专业训练体系、业余训练体系和职业训练体系。

专业训练体系包括国家集训队、省级优秀运动队两个方面。随着竞技体育的社会化，省级运动队已逐步向行业体协和大型企业扩展，部分有条件的高校也在试办这类运动队，以拓宽我国培养高水平运动员的途径。

业余训练体系是我国运动训练管理体制中极为重要的基础环节。在具体组织实施时，又可以根据需要将业余训练体系进一步细化，将其划分为若干层次。

职业训练体系主要是指一些实行职业化运作的俱乐部等实体的训练形式。20世纪90年代以来，随着我国部分运动项目的职业化改革，我国已有部分运动项目逐渐走上了职业化发展的道路，职业化运动训练体系随之建立。

我国现行的三级训练体制是一个层层衔接，呈"塔形"的运动训练管理体制。它主要有以下特征：第一，便于体现国家意志。在现有的条件下，有利于将有限的人力、物力和财力集中起来，保证重点投入，为部分肩负重大使命的运动员或重点运动项目提供更好的训练条件。第二，由于该体制层次分明，有很大的上升空间，对运动员有很强的激励作用，能激发运动员的进取心，使其不断提高自己的运动成绩。第三，可以与中小学保持有机联系，取得学校的支持，以利于挑选更多的后备运动人才，同时也能促进中小学体育的发展。

第二节　我国高校运动训练现状

一、我国高校运动训练专业课程现状

随着素质教育、终身教育的逐渐落实，我国高校运动训练专业课程发展也进一步深化。

（一）运动训练专业课程研制的影响因素

1.社会需要因素

社会对体育人才的需求促使一些新兴职业出现，如体育保健员、体育记者、体育行政管理人员、运动医学专家等。显然，以往培养教练员、运动员或专项教师的目标已不适应当今社会发展的需要了。

从理论上看，目前，我国高校运动训练专业课程应以社会需要来培养人才，将社会对专业人才的要求落实到课程计划当中。确立课程目标、选择与组织课程内容、实施课程及评价课程等，都要以社会需要为依据。因而，我国需要在高校运动训练专业课程的设置上继续深化改革，以期适应社会发展。

2.专业、学科发展因素

专业与学科的发展应该是统一的，专业发展以学科发展为前提。我国运动训练专业课程研制工作起步较晚，相对来说比较重视课程内容的选择与组织、课程的实施等环节。

3.其他因素

影响我国高校运动训练专业课程研制的因素不止以上几方面。有学者从授课内容、授课对象、教师、学生等要素分析高校运动训练专业特点，然后提出运动训练专业的教学模式；也有学者通过对竞技体操退役运动员在体育学院学习期间技能恢复问题的探讨，提出了要合理安排训练时间，充分利用其他体育课程的补偿作用等有利于运动训练专业课程建设的观点。

（二）运动训练专业课程研制指导思想的转变

我国高校运动训练专业课程经过多年的发展，正逐渐发生一些变化。从其演进轨迹可以看出，我国高校运动训练专业课程研制以满足社会和经济发展需要为宗旨，十分重视课程的"社会本位"功能。随着时代的发展，高校运动训练专业课程研制开始逐渐向"人本位"方向转变。具体来说，主要表现在以下几个方面：

首先，逐渐重视对人文社会科学知识的传授。这是因为人文社会科学知识也能对培养学生的品德、情感、审美、创造和自我实现等人文素质发挥重要的作用。

其次，变分科课程为综合课程。近代科学的发展促使学科分化更加细致，这对科学研究是非常有益的，但是，对体育教学来说并不完全是正确的。分科过细必然会加重学生负担，不利于调动学生学习的积极性。另外，学校条件毕竟有限，不能支撑细致的分科教学。所以，出现了合并课程的尝试，这便是"综合课程"或"广域课程"。从实践来看，这不仅是解决学科门类过多的方法，同时也在一定程度上培养了学生综合运用各学科知识解决实际问题的能力。

最后，必修的术科课程向多样化的选修课程转变。术科课程在很长一段时间内，是高校运动训练专业课程结构的核心。近些年，许多新的教学计划逐渐开始落实，将原来必修的术科课程向多样化的选修课程转变，这样更能满足素质教育的要求。

（三）运动训练专业与体育教育专业课程体系差异状况

运动训练专业有自身独有的课程体系。目前，我国运动训练专业与体育教育专业的课程体系并没有实质性差异。也就是说，运动训练专业的课程体系在一定程度上并不能适应运动训练专业人才培养的需要。

体育人才的培养必须借助课程才能很好地达到目标。我国高校运动训练专业的人才培养模式与体育教育专业的人才培养模式比较接近，界线不明显，从而导致很多问题的出现，如教育成本增加、教育资源浪费等。

此外，运动训练专业与体育教育专业课程体系存在着明显的雷同或相近问题，给我国高校运动训练专业教学带来诸多问题。在今后的高校运动训练专业课程建设中，必须正视这一问题，并积极寻求解决途径。

（四）高校运动训练专业人才培养目标现状

我国高校运动训练专业人才培养目标主要分为四类：第一类，培养学校体育实践人才，如河北师范大学、东北师范大学等；第二类，培养多目标体育专门人才和复合人才，如北京体育大学、天津体育学院等；第三类，培养中级专门人才，如山西大学等；第四类，培养高级专门人才，如上海体育学院等。

由此可见，我国高校运动训练专业人才培养存在界限不明、方向过窄的现象。这也是制约我国高校运动训练专业课程体系发展与人才培养的原因。因此，需要高校准确定位运动训练专业人才培养目标。

二、我国高校运动训练专业学生实习现状

（一）我国部分高校实习模式单一、时间安排不合理

我国高校的整体实习模式主要是集中实习和集中、分散实习结合两种，少有学生顶岗实习、委托实习。实习模式单一制约着高校运动训练专业学生多层次发展。另外，在传统的集中实习模式下，实习单位固定，实习单位接受实习学生的数量有限，不利于拓展实习学生的就业途径。分散实习基本由学生自己

联系实习单位，虽然有一定的好处，但不利于对实习学生进行统一管理，也不利于监督、检查和评价学生的实习效果。特别是分散实习时，一些学生并没有参加实习，只是找实习单位盖章以交差了事。

在传统模式下，我国高校运动训练专业学生的实习时间基本上是固定的，多安排在大四第一个学期或者最后一个学期。随着社会的发展，学生就业形势也在不断发生变化。比如，有些学生要考公务员，有些学生要考研究生，如果实习时间安排在大四第一个学期，就会与学生考试相冲突。

（二）我国部分高校实习基地数量不足、设施不完善

实习基地是大多数学生实习的基础保证，而目前我国部分高校明显存在着实习基地不足的现象。造成这种现象的原因有两方面：一方面，学校条件有限或者学校所在城市的承载能力有限，从而使实习基地建设起来非常困难，导致实习基地数量不足；另一方面，原本学校的实习基地是够用的，但是因为增加学校运动训练专业项目，以及扩招专业人数，从而导致实习基地数量不能满足学生的实习需要。另外，还有很多学校的实习基地设施不够完善，不能满足学生实习的需求。因此，增加实习基地，完善实习基地的设施，是目前高校需要着重解决的问题。

（三）我国部分高校在学生实习前准备不足

从整体上来说，我国很多高校对学生实习前的准备工作是比较看重的，而且准备工作做得充足。例如，为使学生高质量地完成实习任务，提高学生实习的效率与质量，很多学校都会成立实习领导小组，根据学生实习的不同模式对指导老师进行相应的分工，并制订符合专业特点的实习计划，起草一

系列的规章制度。另外，学校还会召开实习动员大会，对参加实习的学生、老师进行动员，提出任务和要求，强调规章制度，让学生认识到实习的重要性。但是，还是有部分高校并没有在学生实习前做好准备工作，没有对实习基地进行详细考察。

（四）我国部分高校实习内容不够丰富

学生要高质量地完成实习任务，实习内容必须是多层次的。但是，在目前学生实习过程中，部分学校在体育科研和实践创新方面并没有过多要求，教师只需要在学生实习过程中，根据实习基地条件对学生进行指导和训练。这样简单的实习内容只能实现最基本的实习目的，并不能让学生各方面的能力得到锻炼和提高。

（五）我国部分高校实习评价不够科学、规范

一般来说，高校指导教师依据学生的考核结果进行评价，回学校后再依照学生的自我评价和实习报告内容进行综合评价，从而确定学生最终的实习成绩。通常，高校指导教师对集中实习的学生评价较为具体、客观，实习基地的指导教师对学生的评价就比较模糊，主观性很强，因而并不能反映学生真实的实习成绩。特别是一些分散实习的学生，回学校后只拿实习报告，并不能确定实习基地指导教师的评价客观与否。

从整体上来看，大部分学校对运动训练专业学生的实习是比较重视的。客观上，由于实习模式不够完善，导致一些学校指导教师和实习基地的指导教师不能全面监督和管理实习学生。其原因主要有两个方面：一方面，学校指导教师在高校还有工作任务，没有足够的时间对学生的实习过程进行监督；另一方

面，部分实习基地的指导教师对实习学生的重视程度不高，实习单位对学生实习的管理也没有健全的规章制度，对学生实习过程的监督、管理不够规范化。

第三节　高校运动训练管理原理和方法

一、高校运动训练管理原理

（一）人本原理

人本原理就是在管理中做到以人为本。在管理系统中，管理的最终目的就是不断地满足人们的物质需要和精神需要，实现人的全面发展。在管理过程中，人不仅是管理的主体，同时也是重要的管理客体，各项管理措施和管理手段只有通过人才能发挥其能动作用。

（二）责任原理

责任原理就是为了实现组织目标、挖掘人的潜能，在合理分工的基础上明确规定各个部门及个人必须完成的工作任务和必须承担的责任。责任原理在运动训练管理中得到广泛应用。

（三）系统原理

系统原理是指运用系统理论对管理对象进行细致的分析，以实现科学管理的目标。管理系统的各要素不是孤立、静止的，而是根据整体目标的要求，按一定的结构动态地组合在一起，这是系统原理的理论基础。

系统原理是以系统理论中的整体效应观点为理论依据的。该观点认为，诸要素经过合理的排列组合后，构成一个新的有机整体，系统的整体功能会大于各要素孤立状态的功能之和。

（四）动态原理

动态原理是指在管理活动中，注意把握管理对象的变化情况，不断调节各个环节，以实现对整体目标规律的概括。因为人、财、物、时间、信息等管理对象处于不断变化、发展的过程中，所以计划、组织、控制、协调等各个环节也必须不断变化。只有动态地适应管理对象的变化，才能保证管理目标的实现。

（五）竞争原理

优胜劣汰是事物发展的一般规律。有竞争就有压力，有压力就要奋斗。大量的实践证明，竞争可以挖掘人的潜能，使人创造性地开展工作，克服各种各样的困难；竞争可以促进内部团结，增强团队的凝聚力；竞争可以使集体充满生机和活力。

二、高校运动训练管理方法

（一）基本管理方法

1.行政方法

运动训练管理的行政方法是指在进行管理活动时，依靠各级运动训练管理机构和领导者的权力，通过行政手段，按照行政系统规范进行管理的方法。行政管理系统对各子系统进行调节与控制，主要采用命令、指示、规定、指令性计划和职责条例等行政手段。由于行政方法是由上级发布命令，下级则要对上级服从，上下级之间有着非常清晰的界限，这就要求在运用行政方法时，上级对下级所下达的命令、指令或指令性计划等，一定要与本部门的实际情况和管理活动的规律相符合，因此上级领导者必须具备较高的领导素质，即有较高的理论知识水平和较强的组织管理能力。

2.法律方法

在运动训练管理过程中，法律方法是指运用法律、法令、条例、决议和章程等各种形式的法规进行管理的方法。运动训练管理的法律方法具有强制性、普遍性、规范性和阶段性等特征。法律方法在运动训练管理中发挥着重要作用。具体来说，主要表现在以下几个方面：

（1）正常管理秩序的建立和维护

提高竞技运动训练管理系统的功效，实现管理目标是运动训练管理的目的。人、财、物、信息等的合理流通是提高管理功效的关键所在。用法律形式把这种合理流通的方式规定下来，通过法律规范、调节各种关系，从而使正常的管理秩序得以建立，使整个竞技体育管理系统按照法律规范有效运转，一个良性循环的运行机制便形成了。

（2）各种管理关系的规定和调节

在运动训练管理过程中，要面对国家、集体、个人之间纵向与横向的各种错综复杂的利益关系，各种管理关系的规定和调节具有重要意义。各项法律法规及规章制度是运动训练管理中各种利益关系按照一定规范进行有效调节的依据，尤其是在对不同管理系统、不同管理层次关系等方面的规定和调节上，更具有特殊的制约作用，可以有效避免互不买账、互相推诿现象的出现。

（3）促进竞技体育的发展

充分利用法律保护和发挥制裁功能是我国竞技体育事业发展的需要。例如，运动员的选拔与培养，运动员的退役与安置，体育场馆的设计、管理和使用等，都应给予法律保护。对运动训练管理中责、权、利不清，人、财、物浪费等有碍竞技体育发展的因素，应进行必要的法律制裁。

3.经济方法

经济方法是依据客观经济规律的要求，运用经济手段对各种不同经济主体利益之间的关系进行调节，以实现管理目标的方法。这里所说的经济手段包括宏观经济手段和微观经济手段。不同的经济手段在不同的领域中发挥不同的作用。宏观经济手段主要包括价格、税收、信贷等；微观经济手段主要包括工资、奖金、罚款等。

在社会主义市场经济体制中，经济方法有着重要作用，它可以使运动训练管理的效能得到有效提高，使运动员、教练员的积极性、创造性和主动性得到调动和激发，使运动训练这一特殊的社会劳动价值得到体现，从而使管理的活力不断增强。

4.宣传教育方法

通过宣传和教育等方式，使人们围绕着共同目标采取行动的方法就是宣传教育方法。宣传教育方法具有宣传、解释、优化的作用，我国运动训练各级管理所应用的各种方法或者制定的各种法规、方针政策和规章制度等实施效果的好坏，都与对其宣传、解释是否有力密切相关。

（二）现代管理方法

现代管理方法是指在现代管理中所运用的方法的总称。现代管理方法理论上可以分为数量分析法、信息系统管理法、管理心理学法等，这些方法正越来越广泛地应用到运动训练中来。

1.数量分析法

数量分析法是指在一定的理论指导下，运用数学原理、数学公式、数学图形等建立数学模型，并对数学模型进行计算和求解，从而为管理者提供满意选择的一系列方法、技术的总称。它是以定量分析为主的管理方法。数量分析法具有丰富的内容和众多相对独立的分支，一般由以下四个基本部分构成：

（1）理论基础

数量分析法的理论主要包括基本理论和方法论两大类，其中，基本理论涉及哲学理论、经济理论和管理理论，方法论主要包括系统论、信息论、控制论及现代数学理论。数量分析法就是以上述诸多理论的有关思想为理论基础，从而对某种方法从什么目的出发，能够解决什么问题，为什么能够解决这样的问题，以及如何解决等基本问题进行回答。

（2）数学模型

几乎所有的数量分析法都有自己的数学模型，这是因为数量分析法对定量分析比较注重,其分析主要借助数学模型来进行。对数量分析法的数学模型来说,它既符合一定的数学原理,又能对客观事物间复杂的数量关系有比较准确的反映。

(3)方法步骤

所有的数量分析法都有一定的实施步骤。步骤是对某种方法解决问题所必须遵循的一般程序的体现。违背了这些程序,这种方法的作用就不能发挥,问题也不能很好地得到解决。

(4)管理技术

在运用数量分析法的过程中,不仅会利用计算机进行大量而复杂的计算,还需要有其他现代化的通信设备和信息获取手段相辅助。因此,数量分析法总是与现代化的管理手段相联系的。

2.信息系统管理法

信息管理系统是一个由人和计算机组成的能进行信息收集、传递、存储、加工、维护和使用的系统。信息管理系统能从全局出发,辅助组织或其他机构进行决策,帮助其实现规划目标。

信息管理系统有两个特征:一是以解决组织所面临的问题为基本目标,对组织方方面面的信息集中存储、处理、分析,从而作出决策;二是以数据库和数据处理技术为基础,现代化的数据存储理念是信息管理系统主要采用的理念,在此基础上优化整合数据,方便各个部门访问所需要的数据,同时,在分析、处理数据时采用一定的数学方法以获取有用的信息。

目前,运动训练信息管理系统已得到广泛应用,在运动训练的科学化和提高运动训练水平方面,正在发挥着越来越大的作用。一些传统训练思想和训练方法已跟不上社会发展的步伐,迫切需要现代科学技术的支持。随着时代的发展,现代科学技术在运动训练管理中将会发挥越来越重要的作用。

3.管理心理学法

管理心理学的研究对象是管理活动中人的心理活动规律,目的是调动人的积极性、开发人的潜能、提高人的工作效率。

管理心理学对群体心理与行为的研究,能帮助管理者对个体与群体、群体与群体间的互动关系有所认识,协调它们之间的关系,形成合力。通过高水平的团队建设,团队的合作能力可以得到有效提高。

第四节 高校运动训练管理内容

一、运动队管理

运动队是当前我国竞技体育组织系统中重要的基本单元,是组织实施运动训练的基层组织形式。高校运动队是我国竞技体育队伍的重要后备力量,因此,要特别注意加强对高校运动队的管理。

(一)运动队管理的内容

随着时代的发展,我国的政治体制和经济体制的改革也在不断深化,这使得竞技体育的管理体制发生了巨大变化。各竞技项目管理体制、运行机制、比赛制度和经费来源因体育事业社会化、产业化的进程而有了重大改变，多元化的格局也在运动队的组织建设中呈现出来。运动队的隶属关系也发生了变化，以前是单一的行政区划组队，后来发展为行政区划、企业（集团）、团体及个人等多种隶属关系共存的局面。运动队的服务职能也发生了变化，由单一地对国家、地方利益负责向其他方面延伸。

创造优异的运动成绩是运动队管理的重要目标，管理工作的一切都应围绕着这一目标进行。运动队管理的主要内容包括：①运动训练目标确定后，训练和比赛的组织与保障；②教练员和运动员的教育与培养；③与训练活动有关的各项事务，各种人员的教育、监督和协调；④运动队多种效益的获得与发挥等。

（二）运动队管理的任务

①科学地预测和决策，制订不同发展时期的目标和计划，并且为实现这些目标和计划奠定良好的认知基础。

②为使训练目标得以顺利实现，必须科学地组织实施计划。运动队管理的首要工作就是保证训练计划顺利实施。在确定运动成绩目标后，由教练员、运动员及科研人员等提出达到这一目标的训练计划。此后，运动队管理的主要工作就是保证训练计划顺利实施。

③不断使队伍内部的管理机制得到完善，使人力、财力、物力的组织、分配和使用更加合理，以使它们的作用得到充分发挥。协调全队的各项工作，提供和创造必要的条件以完成这些工作。

④对管理机制的各种方法、技术和手段要全面、系统地运用，使每位工作人员的作用得到合理、有效的发挥，调动一切积极因素，保证各项工作高效率

完成。运动队管理的关键就是激发运动队所有人员的积极性。提高管理效能的根本措施就是尊重知识、尊重人才、培养人才,并正确使用人才。要想有效地实现管理,取得良好的效果,必须科学、民主地处理训练过程中所涉及的非训练因素产生的问题。

⑤积极运用各项科技成果,使之与运动训练有机地结合起来,为提高运动员竞技水平提供有力的科技支持。

⑥运动队与外部单位,以及运动队内部各要素之间都存在着复杂的关系,这些关系会对运动队产生重要影响,处理不当将严重影响运动队的正常工作。因此,在运动队管理中要认真处理各方面的关系,主要是处理好主体与客体的关系,以及外部约束机制与自我约束机制的关系。

二、教练员管理

(一)教练员的角色分析

1.教练员是运动队管理工作的重要决策者

搞好训练是运动队管理的主要任务和核心工作。教练员是训练过程的主要设计者和组织者,同时也是训练管理工作的重要决策者。教练员提出相应方案,与领队等运动队中的其他成员密切配合、通力合作,带领队员完成训练任务。

2.教练员是运动队管理链中的信息沟通者

教练员平时与运动员接触时间最长,最了解运动员的身体、生活和思想情况,因此,教练员对运动员训练工作最具有发言权。这就要求教练员时刻掌握本项目运动训练发展的最新动态,以及与本运动队有关的信息,并及时向领队和其他管理人员通报。

3.教练员是运动队人际关系的协调者

调动运动员的积极性是运动队完成训练工作任务、取得优异成绩的关键所在。但是，在执行运动队制定的许多规章制度时，队内成员产生一些摩擦也是不可避免的。这时，教练员应该从维护正常训练秩序出发，做好运动员的思想工作，化解矛盾、协调关系。

教练员与运动员之间也会产生矛盾。教练员在处理与运动员之间的分歧和矛盾时必须积极主动，既要客观地对待自己，又要尊重运动员的个性。在运动员对训练工作有不同看法时，教练员不宜固执己见，应该多多听取运动员的不同意见。

（二）教练员在运动队中的作用

1.教练员在运动员选材工作中的作用

（1）指导作用

运动员的科学选材是一项系统工作，影响因素较多。从这项工作的程序上讲，它应以科学诊断和科学预测为基础，对选材对象进行多因素的分析和最优化的选择，将那些密切关系成绩的指标作为主要条件，建立运动员选材的定量化模式，明确运动员选材的方法。因此，教练员要密切结合实际，确定对运动成绩提高关系最为密切、影响最大的选材因素，以实现将具备专项训练天赋的运动员选拔出来的目的。

由于长期从事运动训练工作，大部分教练员对专项训练的客观规律，以及运动员的身体形态、机能、素质等方面有着深刻认识，所以教练员在同有关专家进行运动员选材的过程中，对影响运动成绩的各种选材因素、量化模式的确立，以及合理选材方法的选择有着重要作用。

（2）控制作用

运动员的选材是一项系统工作，在此过程中，相对优化和完善的目标控制是制定和实施各项措施的前提，也是各项工作顺利进行，达到优胜劣汰目的的保证。在运动员选材工作中，教练员的控制作用主要表现在以下几方面：第一，优化控制选材目标；第二，优化控制选材模式；第三，优化控制选材整体效应；第四，优化控制选材方向。

（3）评判作用

运动员选材工作的关键是对运动员选材的评判，它是衡量教练员的战略指导思想和职业能力的重要标准。教练员选材的评判内容主要有以下三个方面：第一，对选材对象的原始数据的优劣与取舍的评判；第二，对选材对象的各种因素之间的相互关系的评判；第三，对选材对象整体水平的评判。

2.教练员在运动训练工作中的作用

（1）训练目标模型的确立

在科学的诊断和预测的基础上，对训练的预期效果在质上作出规定，以限定训练的宏观方向，同时，在量上规定训练的预期效果所要达到的发展指标，这是训练目标模型的含义。因此，教练员在此过程中的作用表现在拟定训练目标方向和拟定训练目标水平两个方面。

（2）对训练过程进行监控

训练过程是一个复杂的动态系统，各要素之间相互影响、相互作用。这就要求教练员的指导思想必须科学、计划安排必须周密、训练手段必须合理、对训练过程实施的监控必须有效。教练员在此过程中的作用主要表现在以下三个方面：第一，明确训练任务，科学制订训练计划；第二，建立最佳训练模式，合理选择训练手段；第三，科学安排比赛序列。

（3）对多因素进行调整与控制

训练过程受到多方面因素的影响，概括来讲主要有四个方面，分别为训练方面的因素、管理方面的因素、信息方面的因素及环境方面的因素。

（4）对训练过程实施科学评价

根据运动项目训练目标和不同训练阶段的任务和特征，以及所制订的各种计划等，对所实施的各种训练活动的效果、完成训练任务的情况，以及运动员成绩和发展水平进行科学判定是科学评价的主要作用。同时，科学评价还可以使运动员的积极性得到调动，从而提高训练的质量。

3.教练员在训练管理工作中的作用

（1）对训练活动的管理

教练员对训练活动的管理作用主要体现在以下几个方面：第一，规划目标，明确训练任务，制订切实可行的训练计划；第二，提出组队方案，选拔运动员；第三，正确认识自己与运动员的关系，处理好运动员的各种思想变化，充分发挥运动员的主观能动作用，保质保量地完成各项训练任务；第四，对训练的各项内容实施调控；第五，及时调整各种训练计划。

（2）对运动员思想的管理

运动队建设的根本任务之一是加强思想政治工作。教练员肩负着运动员思想管理工作的重任，原因是教练员与运动员朝夕相处，接触最多，了解最深刻，在此过程中，教练员自身的思想建设与一言一行都会对运动员产生影响。

（3）对运动员文化学习和生活的管理

运动员文化学习和生活需要各方面管理人员的配合。协调、组织、监督是教练员在对运动员文化学习的管理中起到的作用。在运动员的生活管理方面，需要教练员与有关人员（如医务人员、营养保健人员等）密切配合。

（4）对尖子运动员的管理

尖子运动员对比赛、训练有着重要影响，在运动队中具有特殊的作用。教练员应加强对他们的管理，调动他们的积极性，发挥他们在集体中的特殊作用。此外，教练员必须对尖子运动员加强管理，即充分发挥尖子运动员在运动队中的楷模作用，避免他们搞特殊化及产生自满思想，培养尖子运动员的组织能力。

4.教练员在临场指挥中的作用

比赛是双方实力的对抗，也是运动员智慧的角逐，更是双方教练员的较量。虽然教练员不是竞技场上双方角逐的直接参与者，但他们运筹帷幄，对比赛中运动员战术的运用和心理变化进行调整和控制，有时甚至决定着比赛的胜负。比赛有一定的时间限制，教练员的临场指挥通常表现在比赛前的准备阶段和比赛之中，在此过程中，教练员的作用集中体现在战术方案的选择和调整、运动员竞技状态的调整两个方面。

（三）教练员应具备的素质

1.专业知识结构

运动训练是以人为实施主体的。运动员、教练员都具有独立的思想、意志、情感，这些因素始终处于动态之中，瞬息万变。教练员的知识结构是以运动训练的基本理论为核心和主体的。

2.学习能力和创新能力

就运动训练学来说，它处在不断地发展与创新之中，几乎每时每刻都有新的训练理念、新的训练方法和手段。作为一个称职的教练员，必须具备终身学习的能力。所谓学习能力，既包括敏锐捕捉信息、选择信息、始终了解本专业前沿信息的能力,也包括不断学习新的运动技术动作、新的运动训练方法和手段,善于取长补短。

除了学习能力,教练员还应具备创新能力。创新能力是指怀疑、批判和整合能力,是研究者在科学、艺术、技术和各种实践活动领域中不断提供具有经济价值、社会价值、生态价值的新思想、新理论、新方法和新发明的能力。创新能力是一个高级人才不可或缺的能力,创新能力比学习能力有着更高的要求,因为创新能力需要积累、需要沉淀、需要思考、需要灵感,更需要对工作的热爱、专注与投入。

3.沟通能力

因为教练员要和各式各样的运动员打交道,所以教练员具有良好的沟通能力是非常重要的。教练员的沟通能力主要体现在以下几个方面:①教练员应关心和爱护运动员,深入了解运动员的内心世界,掌握并运用相应的激励艺术,使运动员的积极性得到充分调动;②教练员应善于控制自己的情绪,并协调好各方面的关系,使运动训练得到更多的支持;③教练员要懂得不同年龄阶段、不同训练水平运动员的身心特征,具备对运动员进行教育的能力。

三、运动员管理

(一)运动员的角色分析

1.运动员是运动队管理工作的主要对象

运动训练工作中的主体是运动员,运动员的参赛成绩是竞技体育系统中一切工作成效最后的集中表现。运动员作为运动队管理工作的主要对象,应该严格地遵守各项规章制度，与管理人员配合，保证训练工作的有序进行和训练目标的顺利实现。

2.运动员是运动队管理工作的积极参与者

在运动队的管理工作中，运动员既是被管理者，也是管理工作的积极参与者。运动员应以主人翁的态度，对运动队的管理工作主动地提出自己的意见。运动员的积极参与可为运动队的管理工作带来更多的活力，使管理工作与运动训练的实际情况更加切合，从而取得更为理想的效果。

（二）运动员的素质要求

1.强烈的事业心和进取精神

竞技体育对它的从业者有着严格的要求。运动员要想成为优秀的竞技选手，必须付出艰辛的劳动，坚持系统的、科学的训练。这就要求有志投身于竞技体育事业的运动员具有强烈的事业心和进取精神。广大民众热切期盼运动员能够在比赛中取得优异成绩，运动员应该对此有深刻的认识。运动员要有夺取冠军的强烈愿望，树立远大的理想并为此付出不懈的努力。

2.坚韧不拔的意志品质

对运动员来说，坚韧不拔的意志品质是必不可少的。优异运动成绩的取得并非易事，需要运动员经过长期的艰苦奋斗。运动员必须承受巨大的训练负荷，甚至需要付出常人难以想象的代价，这不仅是对运动员身体的考验，更是对其意志品质的考验。

3.强烈的学习意愿与独立分析、判断、理解能力

现代高水平的运动成绩是高科技、多学科知识的结晶，运动员要与迅速发展的时代要求相适应，就必须不断提高自己。因此，在训练过程中，运动员努

力学习各种文化知识和专业知识是十分必要的。此外,运动员必须学会独立分析训练中出现的各种问题,同时,对教练员布置的各项任务、采用的训练手段与方法,要在理解的基础上自觉完成。

第五章　高校体育资源管理

第一节　高校体育资源的概念和分类

一、高校体育资源的概念

高校体育资源是指与高校体育活动密切相关的各种体育场地、器材、设备、建筑物、图书资料，人力资源数量、专业、业务能力，以及各项管理活动等所有人、财、物的总和。按照其存在的形态，高校体育资源可以分为有形资源与无形资源两种。有形资源，泛指硬资源，是指客观存在的物质资源，包括体育场地、体育器材、体育设施、图书资料等。无形资源，俗称软资源，如师资力量、体育课的质量、体育训练的水平、体育传统和习惯等。

高校体育资源的概念是从体育资源的概念中衍生出来的。顾雪兰教授将其定义为高校所拥有的能够增强学生体质、增进健康水平、掌握体育知识、丰富文化生活、提高运动技术水平的多种有形和无形资源的支撑状态。著名运动员张淑晶将我国现阶段高校体育资源划分为体育课程资源、体育信息资源和体育品牌资源等。可以看出，人们对高校体育资源的概念并没有达成共识，只是从不同侧面进行了界定。

二、高校体育资源的分类

高校体育资源的分类，如表 5-1 所示。

表 5-1 高校体育资源的分类

大类	基本类型	类型表现	实例 资源本体	实例 开发利用
有形体育资源	体育教材资源	教材、讲义	通用教材、校本教材	电子教材、校本教材
有形体育资源	体育人力资源	体育教学、管理、教辅人员	体育教师、体育教务管理人员、体育器材管理人员等	兼职教师、外聘教师
有形体育资源	体育场馆设施资源	体育场馆、体育器材	篮球馆、游泳馆、乒乓球馆、羽毛球馆等，教学器材、健身器材等	竞技性或大众性体育表演或竞赛
有形体育资源	体育经费资源	学校财政经费、体育产业收入、社会赞助	学生体育活动经费、体育场馆维护费、体育器材购置费、场馆承包或出租费、广告费等	拓宽体育经费来源
无形体育资源	体育信息资源	公共体育信息、学校体育信息、个人体育信息等	体育课程标准、体育政策、学校体育规划、体育资讯、运动成绩、授课计划等	网络课程、电子资料等
无形体育资源	体育传统资源	学校体育竞赛、传统优秀体育项目、历史成绩等	学校常规体育竞赛、运动会、体育节、传统运动等	综合型运动会、选拔型体育竞赛
无形体育资源	体育组织资源	管理制度、行为规范等	工作手册、管理办法、组织程序等	创新学校体育管理方案、流程

接下来，笔者将从体育人力资源、体育场馆设施资源、体育信息资源、体育经费资源四个方面对高校体育资源管理进行研究。

第二节　高校体育人力资源管理

一、高校体育人力资源管理的内涵

一般认为，人力资源指的是能够推动整个经济和社会发展所需劳动力的现实和潜在禀赋的总和。所谓高校体育人力资源，是指推动高校体育发展所需劳动力的现实和潜在禀赋的总和。体育教师、体育设施管理人员、体育教务管理人员都可称为高校体育人力资源，他们具有一定的体育研究能力、创造能力和管理能力。

高校体育人力资源管理是指通过一定的方式整合资源，以发挥体育人力资源的价值，促使体育组织目标实现的过程。体育人力资源管理是一切体育管理的核心，具有很强的政策性和灵活性，没有严格的固定模式。

二、高校体育人力资源管理的目标

高校体育人力资源管理的目标包括以下三点：①保证高校对人力资源的需求得到最大限度的满足；②最大限度地开发与管理高校内外的人力资源，促进高校体育教学的持续发展；③维护与激励高校内部人力资源，使其潜能得到最大限度的发挥。

三、高校体育人力资源管理的基本内容

（一）职位分析与设计

高校首先要对本校体育职位的性质、责任、工作流程，以及能够胜任该职位工作人员的素质、知识、技能等加以分析，在调查、分析所获取的相关信息的基础上，编写职务说明书和岗位规范等人事管理文件。

（二）人力资源规划

把高校的体育人力资源战略转化为中长期目标、计划和措施，包括对人力资源的现状分析、未来人员的供需预测与平衡。此外，还需确保高校能够及时获得所需要的人力资源。

（三）人才招聘与选拔

根据人力资源的规划以及工作的需要，为高校招聘、选拔人才，并将其安排到合适的工作岗位上。

（四）绩效考评

对高校体育人才在工作中取得的成绩进行考核并及时作出反馈，以提高体育人才工作的积极性，为他们的晋升、评优等人事决策提供相应的依据。

（五）薪酬管理

薪酬管理包括对基本薪酬、绩效薪酬、奖金、津贴等薪酬结构的设计与管理，借此激励体育人才更加努力地为高校体育工作贡献力量。

（六）培训与开发

通过培训提高个人、群体和整个组织的工作效率，进一步开发组织成员的智力潜能，提升人力资源的贡献率。

（七）职业生涯规划

关心体育人才的个人发展，帮助他们制订个人发展规划，以进一步激发他们的积极性和创造性。

四、高校体育人力资源管理的基本原则

（一）目标原则

高校体育人力资源管理既要考虑高校体育目标的实现，又要考虑个人的全面发展，强调在实现高校体育目标的同时实现个人的全面发展。

（二）系统原则

高校体育人力资源管理的系统原则是指高校要统筹全局，把握整体结构，并不断地加以调节、反馈，以促进管理目标的实现。

（三）能级原则

高校体育人力资源管理的能级原则是指按人的才能安排工作岗位，明确其责任、授予其职权，使人的才能与其工作岗位相匹配。

（四）互补原则

为了发挥体育人力资源的整体效能，高校在进行体育人力资源管理时必须讲究互补。人员的互补是多方面的，有知识互补、年龄互补、能力互补、气质互补等。

（五）激励原则

激励原则是指在高校体育人力资源管理中，通过一定的手段激励体育人才的创造热情以及工作的积极性，并以适当的手段奖励他们取得的成绩。激励的方式有很多，一般有竞赛激励、支持激励、目标激励、关怀激励、领导行为激励、榜样激励等。

五、高校体育人力资源管理的基本要求

（一）为职择人

为职择人是指在体育管理活动中，根据体育事业的需要设置体育管理机构，制定各岗位的职责规范，然后按照岗位需求选拔合适的人才。

（二）任人唯贤

任人唯贤是指在选拔和任用体育人才时，必须按照人才的政治思想、业务水平及能力大小来择优选拔和任用，切忌任人唯亲。

（三）用当其人

每个人的一生中，都有其能力的最佳时期，体育人才也不例外。在体育管理中必须抓住个人能力的最佳时期，及时、充分地发挥人才的最大作用。

第三节 高校体育场馆设施资源管理

一、高校体育场馆设施的功能

（一）满足体育锻炼的实际需求

体育场馆设施是高校体育工作顺利进行的基础，是提高学生身体素质的物质条件。具体来说，高校体育场馆设施应满足以下需求：首先，满足学校日常体育教学的需求；其次，满足校内体育代表队训练的特殊需求；最后，满足学校举行的各种体育竞赛或学生自发组织的课余体育活动的需求。

（二）满足体育活动的社会化需求

随着时代的进步，我国高校体育活动也逐渐趋于社会化，即高校体育场馆在满足校内体育教学和训练需求的同时，又适当承接校外的体育活动。高校体育场馆与社会的衔接对学生来说有着重要作用，有利于他们顺利融入社会。

（三）满足大型体育赛事的需求

目前，很多城市没有设置综合的体育场馆设施，在举行大型的体育赛事时需要借用高校的体育场馆设施，因此，高校体育场馆设施应满足大型体育赛事的需求，能在关键时刻派上用场。即使高校体育场馆设施与实际需求存在一定的距离，但只要稍加调整和改善便能达到大型体育赛事的要求，这样既能节省城市体育设施建设的一大笔开支，又能节省人力、物力和时间。

二、高校体育场馆设施的现状分析与管理对策

（一）高校体育场馆设施的现状分析

1.开展教学情况

高校体育场馆设施的主要用途是体育教学和组织各种校园集会。我们必须结合高校体育教学的实际情况和校园举办大型活动的情况，合理利用高校体育场馆设施资源。

2.开放管理情况

高校体育场馆设施主要是为学生提供服务的，所以，高校体育场馆设施资源的利用主要以学生上课、日常训练、开展运动会和集会为中心。除此之外，高校体育场馆设施对外为学生业余活动和社会人群锻炼提供运动场所。

目前，我国高校体育场馆的开放形式主要有自由式开放、控制式开放、收

费式开放三种。自由式开放的高校体育场馆设施资源利用率相对较高，能够为社会人群提供运动场所。一般来说，自由式开放的高校体育场馆包括足球场、篮球场、田径场等体育场所，这类场所面积大、基础设施完备、维护成本低，但容易被破坏。控制式开放的高校体育场馆主要为半封闭或全封闭的体育场馆，这类体育场馆主要根据高校相关管理条例对外开放。控制式开放的高校体育场馆的特点是基础设施完备、条件好、投资大、维护成本高，但是资源利用率较低。为了提高高校体育场馆设施资源的利用率，很多高校采取收费的方式，为社会人群提供有偿服务，场馆维护成本高、服务对象范围较小、资源利用率相对较低，但是通过有偿服务可以减轻学校负担。

3.开放时间情况

高校体育馆的开放时间有严格限制，一般情况下，高校体育馆在教学时间处于闭馆状态，不对外开放。有些高校体育馆只在周末和节假日对外开放，在其他时间段不允许外来人员进入体育馆。还有很多高校体育馆只是在学生上课期间对外开放，在寒暑假期间闭馆。这些情况在很大程度上降低了高校体育场馆设施资源的使用率，使高校体育馆长期处于闲置状态，在时间上限制了外界人员参与体育运动。

（二）高校体育场馆设施的管理对策

1.增加财政投入

为了提高高校体育场馆设施的管理水平，实现高校体育场馆设施的合理利用，为师生提供良好的服务，增加高校体育场馆设施的财政投入十分关键。充足的资金是高校体育场馆能够提供良好服务的基础。当地政府部门需要大力支持高校体育场馆的建设工作，对高校体育场馆的开发和合理利用要给予财政上的支持。政府部门可以通过减免税收、设立专项资金等方式支持高校体育场馆建设，对经营良好的高校体育场馆给予表彰。

2.规范经营管理

高校体育场馆设施需要改变传统的行政体制管理模式，学习现代企业经营管理理念，建立高校体育场馆经营管理制度，形成高效、规范的高校体育场馆运营管理体系。高校需要学习国外高校体育场馆的经营管理方式及我国其他高校体育场馆的成功经验，结合自身的实际情况制定体育场馆经营管理制度，构建管理体系，明确管理人员职责，规范体育场馆工作人员的行为。根据学校教学情况合理分配体育场馆开放时间，确保体育场馆的合理利用。除此之外，高校还可以实行市场化管理模式，采取必要的营销宣传措施，建立网络平台，师生和外部群众可以随时查询体育场馆的开放状态、开放时间、场馆类型、收费标准等。

3.有偿开放，增加收入

高校需要结合体育场馆设施的条件及高校教学安排情况，合理制定体育场馆开放时间，对场地条件要求高、投入大、运营管理费用高的体育场馆实行有偿开放，合理确定收费价格。在确保体育场馆合理利用的基础上实行有偿开放，有助于增加体育场馆的收入，改善体育场馆的条件和服务管理水平，从而为人们提供更好的服务，实现良性循环。

4.提高管理人员的素质

为了加强高校体育场馆的管理，实现高校体育场馆资源的合理利用，高校需要聘请专业管理人员，制定高校体育场馆管理制度，并严格按照管理制度履行职责，为师生和外部群众提供优质、便捷的服务。

三、高校体育场馆设施资源的社会化

（一）高校体育场馆设施资源社会化的意义

1.推动群众体育的发展

随着社会的发展和人们生活水平的提高，人们对健康越来越重视。调查显示，很多居民都是在街道广场、自己家里等地方进行锻炼。高校拥有比较专业的、高水平的运动健身场馆，相比于其他的健身场馆，高校体育场馆的数量、面积与质量上具有很大优势，因此，高校向社会开放体育场馆，不仅可以满足人们对健身场馆的需求，而且可以让人们享受高质量的体育场馆服务，推动群众体育的发展。

2.提升全民体育意识

高校承担着很多的社会责任。高校向社会开放体育场馆，可以提升全民体育意识。人们在高校的体育场馆内除了可以享受高质量的体育健身服务外，还可以享受全方位的服务。同时，高校可以提供积极向上的运动氛围和价值观念，引导全民树立体育意识，倡导全面健身、终身健身的理念，从而更好地履行其社会责任。

3.缓解高校资金紧张压力

大多数高校的体育场馆都采取收费制，即使是本校学生，在体育场馆活动也要收取一定的费用，用来维护体育场馆的正常运行。虽然政府会给予一定的财政补贴，但是不能满足高校体育场馆正常运行的需求。将体育场馆设施资源向社会开放共享，就可以将更多的资金引入高校，高校就可以用更多的资金维护体育场馆的相关设施。

4.提高学生的实践能力,推动教学改革

高校体育场馆对外开放,可以使学生接触到更多的社会人员,进而让学生对社会的发展动向和社会对人才的要求有更加深刻的认识。学生可以通过与社会人员接触,增加阅历,提升自己的交际能力;同时,学校可以根据学生的需求进行教学改革,开设相应的课程,让培养出来的人才更加适应社会的需求。

(二)高校体育场馆设施资源社会化的措施

1.政府给予一定的财政补贴

高校体育场馆中的设施大部分是学生在使用,相对来说磨损较小,对外开放后,体育场馆的设施磨损则会比较大,管理费用会相应增加,所以,政府要给予一定的财政补贴来保障高校体育场馆设施的正常使用。同时,政府给予补贴可以减少高校向社会开放体育场馆的顾虑。

2.转变观念,引进市场经济体制

以往很多高校体育场馆的设施资源不对社会开放,高校并没有以此建立收益体系。随着体育大众化和市场化的发展,高校体育场馆对外开放是大势所趋。所以,高校应转变发展观念,引进市场经济规则,将体育场馆由学校的资金压力转变为资金收益。

如何引进市场经济规则?首先,要确定体育场馆使用的有偿性,采用信息技术,推出办卡业务,使用打卡机制;其次,推出阶梯收费,即时间越长,单位时间费用就越低;最后,综合利用网络资源,即在相关网站推出相应的活动,这样不仅可以提升竞争力,而且可以为高校体育场馆打广告,提升其知名度。

3.利用高校人力资源优势，提升服务品质

高校作为一个人们活动比较集中的地方，有着巨大的人力资源优势。高校体育场馆设施资源对外开放，就可以充分利用这一优势提升场馆的服务质量。首先，高校可以鼓励体育专业的学生担任体育场馆的教练，提供一定的健康运动指导，这样不仅可以丰富学生的实践活动，还可以提升学生的综合能力；其次，鼓励体育教师参与体育场馆的对外开放工作，体育教师具有专业的理论知识和丰富的实践经验，可以提供专业的指导和管理；最后，高校可以利用人力资源的优势降低设备维护的成本。

高校通过利用自身的人力资源优势来提升体育场馆的服务品质，不仅对高校体育场馆设施资源向社会开放共享具有非常重要的意义，而且能够提升体育场馆的竞争力。

4.建立法律法规，为意外事故的发生提供法律保障

在体育运动过程中，不可避免地会出现一些事故，因此，要建立相应的法律法规，为事故的发生提供法律保障。法律法规不仅为运动人员的人身安全提供保障，同时也为体育场馆的正常经营保驾护航。首先，体育场馆的工作人员需要时刻提醒运动人员小心谨慎、注意安全，避免事故的发生；其次，应在体育场馆内醒目的地方张贴危险事故发生后的紧急处理办法，定期检查体育场馆内的安全出口和安全设施，以保障出馆路线的畅通；最后，落实保险制度，实名制进入体育场馆内部，由进馆人员自主决定是否购买保险。

第四节 高校体育信息资源管理

一、信息的含义和性质

（一）信息的含义

信息表达和反映了人们对某一事物的认识和了解程度。信息与决策密切相关，正确的决策必须依靠足够数量且可靠的信息，信息通过决策体现自身价值。

（二）信息的性质

1.客观性

信息不是虚无缥缈的，也不是可以随意想象和创造的，它是客观存在的，而且无处不在、无时不在，可以被人感知、处理、存储、传递和利用。信息必须依附于一定的物质载体才能存在，但信息本身不会因为所依附的物质载体的改变而发生变化。

2.传递性

客观事物本身在不停地运动变化，信息也在不断地发展更新，它可以通过多种渠道传递。我们把信息在时间或空间上从某一点向其他点移动的过程称为信息传递。信息传递需要借助一定的物质载体，这种可以帮助信息传递的物质载体被称为信息媒介。一个完整的信息传递过程必须具备信源（信息的发出方）、信宿（信息的接收方）、信道（信息媒介）和信息四个基本要素。

3.可加工性

信息是可以被加工的。所谓信息加工,是指把信息从一种形式转换为另一种形式,同时,在这个过程中去除干扰因素,保留对接收方有用的信息。

4.效用性

对信息的使用者来说,信息必须具有一定的使用价值,能够帮助使用者处理各种各样的问题。在追求信息的效用时,必须注意信息的时效性问题。信息的时效性是指信息从信息源发出,经过传递、接收、加工、利用的时间间隔及其效率。一般来说,时间间隔越短,信息的时效性越强。

通过以上对信息的论述,我们对信息有了基本认识。因此,我们不难理解体育信息的含义:体育信息是指客观存在的,可以降低人们对体育运动现象和规律认识的不确定性及模糊程度的数据或资料。

二、体育信息的特征和分类

(一)体育信息的特征

体育信息作为信息的一种,既具有信息的一般特征,又具有自己的独特性。在研究体育信息的特征时,除了要掌握体育信息作为信息所具有的一般特征外,更要提高对体育信息自身特征的认识,只有这样才能加深对体育信息的理解,并有助于对其进行有效的管理。体育信息的特征有以下几点:

1.广泛性

随着现代社会的不断发展,可以说,当今世界几乎每天都在进行着各种各样的体育竞赛,人们可以通过亲身参加体育竞赛或观看各种比赛来获取体育信息。另外，新闻媒体也是体育信息的重要来源和传播渠道。现在，世界上几乎所有重要的报纸都有体育版或专栏，有影响力的电视台也都有体育频道或体育节目。从体育信息的使用来看，同一信息可以被多方利用，管理人员、教练员、教师需要，运动员、学生需要，科学研究人员需要，体育爱好者与记者需要，这就使得体育信息在使用方面表现出了广泛性。

2.综合性

随着科学技术的发展，一些学科与体育的交叉渗透日益明显，这不仅促进了体育的发展，同时也使体育信息呈现出综合性的特征。例如，体育科技信息，其内容就可能涉及材料学、力学、人体形态学等多门学科的知识。

3.周期性

周期性是指体育信息的有效使用时间呈现出周期性特征。随着体育运动的普及、体育科学的发展以及运动技术水平的提高，体育运动的新成果、新理论、新方法、新纪录不断涌现，促使体育信息更新的速度不断加快，体育信息的有效使用时间越来越短，这一点在竞技体育信息中的表现尤为明显。

人们通常用"半衰期"来衡量信息的有效使用时间。根据我国相关学者对不同学科文献半衰期的调查，体育理论学科文献的半衰期为5.9年，运动训练学科文献的半衰期为5.4年，运动医学学科文献的半衰期为6.8年，运动心理学学科文献的半衰期为5.5年，运动生物力学学科文献的半衰期为5.0年。在竞技体育中，奥运会、世锦赛、亚运会等重大体育赛事往往会成为体育信息更新的一个阶段性标志。

4.保密性

一般来说，同一体育信息可以被不同的人共享，比如，国际体育的竞赛规则、体育场地器材的标准等信息是被世界各国广泛使用的。但有些体育运动竞赛本身就有强烈的对抗性，它的胜负关系到国家的荣誉和民族的尊严，因此，许多训练方案和比赛战术等信息是具有保密性的，只有经允许的主体才能获取这些信息。一旦信息泄露，则可能会引起严重的后果。正是由于某些体育信息具有很高的利用价值，所以许多国家与各比赛对手之间常常存在着"窃密"和"反窃密"的活动，尤其是国际性的体育比赛，很多大型的体育竞赛可以说是体育信息的争夺赛。由此，我们就不难理解体育信息的保密性特征了。

5.动态性

客观事物在不停地运动和变化，信息也在不断地发展和更新。因此，我们在获取和利用信息时，必须注意信息的实效性。

（二）体育信息的分类

体育信息具有广泛性、综合性等特征，如果我们要全面、系统地认识体育信息，就必须对它进行分类。

从管理组织的角度来看，体育信息可以分为系统化的体育信息和非系统化的体育信息两种。系统化的体育信息属于常规信息，这种信息数量大且及时，人们可以通过对这种信息的长期观察和分析，揭示体育运动的规律。非系统化的体育信息是一种偶然信息，是指不按照某种特定的程序而得到的那部分体育信息。非系统化的体育信息主要是指体育运动中特殊的、突然的非正常事件信息，这种信息的随机性很强，需要进行特殊处理。

按照体育系统与外部环境的关系，体育信息可以分为体育内部信息与体育外部信息。体育内部信息是指体育系统内部的、有关自身运行状况的信息。体育外部信息是指体育系统外部的、对体育系统的运行有影响的信息。

根据体育信息的应用部门来分，体育信息可以分为群众体育信息、学校体育信息、体育产业信息、训练与竞赛信息、体育科技信息等。

以体育信息的记录符号为依据,可以将体育信息分为体育音像信息、体育文字信息、体育数据信息等。

以上是体育信息分类中较为常见的几种。当然,体育信息的分类会因为切入点不同而有所差异。

三、体育信息管理内容

体育信息管理是指对体育信息本身的管理,它是一种过程管理。它的任务是运用科学的方法并根据体育实践的客观需要,有目的、有计划、有组织地把国内外最新的体育信息收集起来,经过加工、整理、存储、研究后,把有序化的体育信息以各种形式准确、及时、有效地传递给使用者。

(一)体育信息的收集

体育信息的收集是指根据特定目的和要求,将不同时间的有关信息挖掘和汇聚起来的过程。体育信息是客观存在的,凡是有体育活动的地方就有体育信息。这些大量存在的、杂乱无章的体育信息必须经过体育工作者和信息专业人员有意识地收集,并用文字、数字、符号等形式记载下来,作为体育信息资料,才能够为体育管理服务。

体育信息的收集是体育信息资源能够得以充分和有效利用的基础,这一环节的工作好坏对整个体育信息管理活动的成败起着决定性作用。体育信息收集的方法较为常用的有问卷调查法、专家咨询法、参观考察法、信息检索法、预定采购法、访问交谈法、日常积累法、委托收买法、交换索要法、技术截获法等。

（二）体育信息的加工整理

体育信息的加工整理是指在已收集的体育信息资料的基础上，把无序的、散乱的文献资料用科学的方法变成有序的、可供排检利用的文献资料的整合过程。现实中，无论是通过现场调查所获得的体育信息，还是通过查阅文献资料所获得的体育信息，在进行加工整理前，都是一种原始状态的信息。我们只有按照一定的程序和方法进行专门的加工整理，才能将这些原始状态的信息转变成有序的、系统化的体育信息，才能进行检索、报道。在加工整理的过程中，我们对这类原始状态的信息进行全面的校验和鉴别，剔除了不真实、不准确的信息，大大提高了信息的真实性和可信度。

体育信息的加工整理主要包括两个方面的内容：一是对文献资料本身的科学管理，即分类、登录和保管等；二是编制检索工具，即二次文献工作，包括对文件资料的选择鉴定、主题分析和编制文摘与索引等工作。其目的在于揭示文献资料的内容，以便文献资料的存储与检索。

（三）体育信息的检索

体育信息的检索有文献检索与事实检索之分。文献检索是查找符合要求的文献信息的过程，如查找与某一研究课题有关的参考文献。事实检索是查找特定事实或数据的过程，它所查找的是直接结果而非文献，如查找现代奥运会源于何年。从检索方式上看二者是相同的，区别仅在于检索对象的内容上，前者检索的是文献或有关文献的报道，后者则是检索文献中所反映的事实。

（四）体育信息的报道

体育信息的报道，也称体育信息的传播或传递，它是体育信息管理的重要内容之一。从体育信息的收集到体育信息的研究等各个阶段所取得的成果，只有通过报道才能传播出去，才能满足信息需求者的需要，实现信息自身的价值。因此，体育信息的报道是一个很重要的环节。体育信息报道的形式很多，常见的有文字报道、口头报道和直观传播报道三种。其中，文字报道最为常见，它又可以分为两类：一类是定向报道，主要是指信息部门主动进行的信息刊物的编辑出版工作，如《中国体育报》。这类报道连续性强，深受广大用户的欢迎。另一类是定题报道，指信息部门根据用户的要求所进行的各种信息报道，如《世界杯专题报道》。其报道方式有专题文献题录、文摘、索引等，也有专题评论、学科总结或专题文摘汇编等。这些文字刊物便于使用与收藏，是当前常用的一种报道形式。口头报道是指通过座谈、讲座、会议、经验交流等形式进行体育信息的传递，也是信息报道的一种有效形式。直观传播报道是通过电视、广播等方式，直接对体育信息进行传播，是能最迅速、直观地传递体育信息的一种报道形式。

第五节　高校体育经费资源管理

一、高校体育经费预算

（一）高校体育经费预算的依据

高校体育经费预算的依据：①国家和高校有关财政的法规和制度；②本年度高校经费预算的指导思想；③高校对经费预算内容的要求；④上一年度收支指标完成情况的分析和决算财务的分析；⑤本年度开展高校体育工作所需要的经费预测或者与上年度相比主要的增减项目；⑥本年度高校体育自我创收经费的预估。

（二）高校体育经费预算的意义

1.为高校科学管理和经济效益的考核提供可靠依据

长期以来，高校采用预算拨款的形式来供应体育经费，年终主要考核预算执行情况，而对这些经费支出取得的成效如何却很少有人过问，因而造成人员经费支出所占比重一直居高不下。人员经费的迅速增加在很大程度上占用了公用经费的应得份额，使高校体育的发展水平受到一定程度的制约。这些情况表明，有必要将体育经费的使用与教育成果联系起来，通过体育投入、产出指标的横向和纵向对比，考核教育资金的使用效益，促使体育部门精打细算，把体育经费用于人才培养。这样，不但能提高体育资源的利用率，而且可以为高校科学管理和经济效益的考核提供可靠依据。

2.适应高校体育经费来源多元化的必然要求

目前,我国高校及有关部门对体育资源的投资力度同发达国家相比还存在很大差距,高校体育要得到发展,眼睛不能只盯在增加财政拨款这一条路子上。有关部门的财政投入毕竟是有限的,要充分利用政府和学校在财政、税收、土地使用等方面的特殊优惠政策,广泛吸纳社会资金,走资金投入多元化的道路。面对体育经费投入渠道的多元化、人才培养资金的额度、体育资源的补偿和再开发等问题,科学规划、使用体育经费,进一步强化高校体育投入预算力度就显得越来越迫切。

3.保持高校体育稳定和发展的重要前提

高校体育要发展、要改革,稳定是前提。如果一所高校的体育经费预算管理混乱,经常入不敷出,那么哪里还谈得上什么发展。高校体育要在稳定中求发展,就必须在提高经费预算管理水平上花大力气,强化高校体育经费预算管理就是其中很重要的一点。科学地进行高校体育经费预算管理,可以利用高等教育资源,处理好规模、结构、质量、效益的关系,有效控制各种支出,充分发挥高校人力、物力、财力的最佳效应。

4.调动体育工作者为实现体育事业的发展目标而奋斗

高校体育经费预算是对体育事业实行计划管理,并按照当前需要和长远需要、全局利益和局部利益相结合的原则,把相应的人力、物力和财力用到保证战略重点、加强薄弱环节上来。这样,不但明确了体育事业发展的目标,而且规划出实现这一目标的途径,从而有效动员和组织从事体育事业一线的全体工作者为实现共同的奋斗目标而同心协力地工作。

二、高校体育经费投入

（一）高校体育经费投入的内容

高校体育经费的投入一般包括开展正常体育教学、指导运动员训练、组织课外群体活动、维护体育场馆器材、添置图书资料等体育维持费用；购置大型体育器材设备的体育设备购置费用；建设体育场馆的专项建设费用；体育教师和行政后勤人员的奖励、福利经费和后勤经费；体育管理机构的日常办公经费等。

（二）高校体育经费投入的意义

1.促进高校体育产业经济的发展

现代体育已经远远突破了学校的狭小空间，渐渐与社会体育、竞技体育融为一体。因此，高校体育某些领域的活动（如学校高水平运动队、高水平竞技比赛、大规模团体操表演等）应进入市场，按照市场经济的有关规则运行，遵循供求规律、价值规律等市场规则，以实现其经济价值。

体育事业的发展同其他经济事业的发展一样，也要按照经济规律行事，讲求效益和效率，努力使体育劳务进入流通领域，创造价值与收入，增强体育事业的发展活力，提高体育事业自我积累、自我发展的能力。这既是体育产业化发展的必然趋势，也是社会主义市场经济对体育事业发展的必然要求。只要是产业就必定存在投入、产出的问题。高校体育产业要发展，只有投入相应的人力、物力、财力，才能取得较好的经济效益。

2.开展校园体育文化活动的重要物质基础

高校校园体育文化活动的正常开展必须建立在一定的体育经费投入基础之上，缺少一定的体育经费投入作为保障，体育活动就不可能得到进一步的发展。特别是 21 世纪的校园体育文化活动，不仅需要先进的、现代化的体育基础设施，一定的人力消耗（如体育教师指导、场地服务、器械管理等），还涉及高校体育文化环境的优化问题。只有良好的体育文化氛围才能激发大学生的兴趣，也只有足够的体育经费的投入，才能推动校园体育文化活动的正常运转，从而促进大学生全面、协调发展。

3.推动体育课程改革向纵深发展的重要保证

体育课程改革是提高大学生整体素质，全面推进素质教育向纵深发展的科学道路，也是实现我国 21 世纪人才战略的重要举措。长期以来，高校体育课程改革进程缓慢。造成这种现象的原因有很多，其中体育经费投入不足、不能满足高等体育发展需要是其主要原因。物质投入是各个方面正常运行的动力，没有经费保障，讨论课程改革的其他方面只能是纸上谈兵。只有加大高校体育经费投入力度，才能从根本上解决问题，才能全面推动高校体育课程改革向纵深发展。

第六章　高校体育科学研究管理

第一节　高校体育科学研究概述

一、高校体育科学研究的内涵

科学研究是一个由多要素构成的多层次的大系统，在这个大系统中，要素与要素之间相互联系、相互作用。高校体育科学研究就是这个大系统中的一个要素。就整个科学研究系统来看，可以将其粗略地分为自然科学研究和社会科学研究两个子系统。从一般意义上来说，一切以人类社会生活为对象的科学研究都属于社会科学研究，如政治研究、历史研究、语言研究等。一切以自然界的各种物质现象为对象的科学研究都属于自然科学研究，如物理研究、生物研究、化学研究等。

自然科学和社会科学相互渗透、相互交叉产生了许多新学科，它们之间相互交织，又组成了许多新的学科群，这些学科群很难再用自然科学研究和社会科学研究两个子系统来概括和说明。教育科学和体育科学就是这样的两个学科群。教育科学研究横跨自然科学研究和社会科学研究两大领域，具有"两栖性"；体育科学研究兼容自然科学研究和社会科学研究，具有"综合性"。

体育是教育的重要内容，因此，高校体育科学研究是教育科学研究的重要方面。同时，高校体育科学研究是体育科学研究的重要组成部分。可见，高校体育科学研究是教育科学研究和体育科学研究的"结合部"和"交叉地带"。把高校体育科学研究放在人类科学研究的大系统中进行全方位、多视角的考察，既能使我们既能够从宏观上把握高校体育科学研究的发展态势，又能够从微观上认识高校体育科学研究的特点。

二、高校体育科学研究的分类

高校体育科学研究虽然是人类科学研究大系统中的一个要素，但其自身也是一个复杂的整体。结合高校体育科学研究实践，我们可以从多个角度认识高校体育科学研究的类型：

第一，就其研究的性质，可以把高校体育科学研究分为基础研究、应用研究和开发研究。高校体育的基础研究并不解决高校体育实践中的具体问题，而是通过对高校体育普遍规律的探讨，发现和阐述新的理论。高校体育的应用研究则是运用高校体育基础研究的成果，解决高校体育实践过程中遇到的实际问题，这是高校体育科学研究的重点。特别是就现阶段而言，针对高校体育发展中的实际问题广泛开展应用研究，是深化高校体育改革的重要措施。高校体育的开发研究，一般是指那些把应用研究的成果，尤其是那些具有明显教育效益的应用研究成果进一步开发、推广的研究。

第二，就其研究的过程，可以把高校体育科学研究分为选题、研究设计与制订研究工作计划、搜集资料、整理与分析资料、撰写学术论文五个阶段。

第三，就其研究的内容，可以将高校体育科学研究分为高校体育教学研究、高校体育管理研究、高校体育思想研究、课余体育训练与竞赛的研究、学生体质与健康研究、高校体育师资队伍研究、高校体育发展战略研究等。

第四，就其研究的方法，可以把高校体育科学研究分为文献资料研究、调查研究、观察与实验研究等。

第五，就其研究内容、方法和手段所依据理论的学科归属，可以把高校体育科学研究分为教育学研究、管理学研究、心理学研究、生理学研究、社会学研究等。

三、高校体育科学研究的特点

（一）实践性

高校体育科学研究不仅课题源于高校体育实践，而且基本素材也源于高校体育实践。开展高校体育科学研究的目的在于指导高校体育实践，即便是高校体育的基础理论研究，最终也是要为高校体育实践服务的，抽象的理论只有与具体的实践结合才会有生命力。同时，高校体育研究成果是否具有创造性，也必须经过高校体育实践的验证。从高校体育科学研究的具体实施来看，高校体育科学研究一般很难在实验室进行，大多数是在高校体育实践过程中进行观察、访问、调查和实验的。由此可见，高校体育科学研究具有很强的实践性。

（二）群众性

开展高校体育科学研究离不开专门的科学研究机构，但高校体育科学研究仅仅依靠专门的研究机构是远远不够的，这与当前教育改革的不断深化与发展所赋予高校体育科学研究的历史使命是不相称的。如前所述，高校体育科学研究具有很强的实践性，广大高校体育工作者在体育教学实践中积累了丰富的实践经验，这些实践经验是高校体育科学研究取之不尽、用之不竭的源泉。高校体育科学研究课题离不开广大高校体育工作者的发掘，科学研究工作离不开他们的支持与配合，科学研究成果也离不开他们去验证和推广。因此，广大体育工作者是高校体育科学研究的人力资源和智力资源。事实上，广大体育工作者已经成为高校体育科学研究的主力军。

从科学研究自身来看，高校体育科学研究的影响因素较多，涉及校内和校外、家庭和社会；研究的内容涉及多学科的理论知识。因此，高校体育科学研究必须利用个体和群体的优势，发挥多方效应，专、兼职结合，集体攻关。因此，其群众性也是显而易见的。

（三）迟效性

体育作为教育的重要内容，贯穿学校教育的全过程。就一般人的常规教育而言，从小学到大学毕业需要 16 年左右。高校体育要实现增强学生体质，促进学生身心协调发展，培育学生良好的运动能力和思想品质的目标。而学生体质的增强、健康水平的提高、个性的协调发展不是一蹴而就的，而是一个长期的、渐进的积累过程。因此，许多研究课题在很大程度上难以立竿见影，特别是预测研究、追踪研究，以及涉及高校体育全局的改革研究更是如此。当然，我们不否认有的高校体育科学研究项目能取得阶段性的成果，但就高校体育科学研究的总体效益和效益的全面实现而言，其具有明显的迟效性。

四、高校体育科学研究的任务

（一）总结高校体育工作的经验和教训

中华人民共和国成立以来，高校体育发生了质的变化，积累了丰富的经验，形成了适合我国国情的高校体育体系。改革开放后，我国高校体育理论和实践又有了新的发展，国外高校体育理论和经验被引进，如何正确处理继承与发展、引进与吸收的关系等，需要通过科学研究来解决。因此，总结经验和教训是高校体育科学研究的一项重要任务。

（二）揭示高校体育工作规律

高校体育科学研究要把调查和研究高校体育工作的现状、特点，揭示高校体育工作的规律作为主要任务。高校体育工作中方针政策的制定需要理论的指导，而理论源于实践，我国高校体育丰富的实践是高校体育理论产生的源泉。但是，实践并不能自发地产生理论，必须经过科学研究，将实践经验上升为具有普遍意义的理论，才能指导实践。因此，揭示高校体育工作规律，为科学制定高校体育工作的方针政策提供依据，是高校体育科学研究的又一基本任务。

（三）探索深化高校体育改革的途径

高校体育科学研究的任务不仅是总结经验和教训，调查、了解现状，更重要的是利用高校体育的各种理论与方法，探索改革过程中出现的新问题，从而更新教材，促进新兴学科的建立与发展。同时，根据我国的具体情况建立具有我国特色的高校体育新体系，探索高校体育改革和发展的最佳途径。

（四）广泛开展改革实验研究，提高改革的成功率

改革实验是高校深化体育改革的重要措施和手段，是实现全面改革、提高改革成功率的技术措施。国内外的许多改革经验和教训都证明了这一点：如果没有改革实验作先导，盲目地全面展开，会造成不必要的损失，甚至导致改革的失败。20世纪60年代，布鲁纳（Jerome Seymour Bruner）倡导的以课程改革为中心的教育改革之所以失败，其重要原因之一就是教育改革没有通过较长时间的教育实验，就贸然地大面积铺开。我国的高校体育发展水平不平衡，各地的实际情况千差万别，改革不可能完全是一个模式，搞一刀切。要结合各地的实际情况，发挥地方优势，选择最佳突破口进行改革实验，在总结经验的基础上大面积展开，以保证改革的成功率。由此可见，广泛开展改革实验研究，也是高校体育科学研究的一项重要任务。

五、高校体育科学研究的意义

（一）有助于提高高校体育工作质量

高校体育是国民体育的基础，要把我国建设成为体育强国，高校体育是重要的战略目标。要实现这一战略目标，必须全面提高高校体育工作质量，加强高校的体育科学研究工作。

随着高校体育改革的深化，体育实践中出现了许多新问题。要解决这些新问题，单纯靠实干加经验是不行的，必须走科学化的道路，广泛开展高校体育科学研究工作，全面而深入地揭示高校体育工作的规律。

（二）有助于提高高校体育工作者的素质

高校体育工作者包括体育教师、管理人员、教研人员等，他们都为实现高校的体育目标而努力工作着。提高高校体育工作质量，很重要的一点就是要提高高校体育工作者的素质，而要提高高校体育工作者的素质，进行科学研究是很重要的一条途径。通过科学研究可以及时总结经验、教训，将其变成宝贵的精神财富，还可以培养观察问题、分析问题、解决问题的能力。

六、高校体育科学研究的程序

体育科学研究是人们在体育实践的基础上，对体育现象内在规律的认识和探索过程。从体育科学体系来看，其研究领域涉及体育生物科学、体育人文社会科学和体育技术科学，这三个研究领域工作的一般过程和研究程序既有相似之处，又有所区别。体育科学研究主要涉及"发现"和"证实"这两个基本问题，它们之间具有本质的区别。但无论是"发现"还是"证实"，无论是技术创造还是发明，都要经历一个过程，即在一个大的框架中遵循科学的方法步骤。不同的研究课题在如何完成这些步骤上存在较大的差别，就高校体育科学研究来说，其程序如下：

（一）确定课题

发现和提出科学问题，需要研究人员具备较高的素质。人们面对的科学问题是多种多样的，科学研究到底要解决哪些问题，需要认真选择。而在高校体育实践过程中，也常常会遇到一些亟待解决的问题。

在课题确定之后，便是明确处理问题的目标和建立研究假设的阶段。在论文或科技成果的报告中，研究目标要用逻辑清晰的书面形式陈述出来。在这一过程中，一个更重要的研究步骤就是建立科学的研究假设。研究假设是人们对客观事物变化的原因及其运动规律所作的假定性说明，是发展科学理论的必经之路。

（二）制订研究计划

系统地提出研究设计是为了达到研究目的、实现研究目标和检验研究假设。研究设计要考虑许多因素，它是使研究结果得到承认的基础。研究结果的可靠性完全依赖于研究设计的有效性，而不是研究结果本身。在高校体育科学研究中，要注重研究方式与逻辑、研究目的与目标、研究样本与指标、研究假设、统计分析的综合考虑。

（三）研究资料的收集和经验事实的获取与积累

在这一阶段，主要使用具体的研究方法（如文献资料法、调查法、观察法、实验法等）获取研究所需的资料。获取资料的方法取决于研究课题的性质及研究方式的选择。它常常是一个比之前的步骤更为机械的步骤，并不等于单纯的操作性活动，而是在科学思维的支配下进行的一种创造性的实践活动。从科学认识领域来看，研究资料仅仅是科学活动中经验事实的一部分，而经验事实的获取与积累又主要依赖于科学的观察和实验。经验事实不仅概括了研究人员对研究对象的属性、特征和关系，以及运动、变化和发展过程的描述、记录与反映，还是科学认识的最初成果，更是科学认识继续深化、发展并产生飞跃的基础。

(四) 对经验事实的加工整理

达尔文曾说过:"科学就是整理事实,以便从中得出普遍的规律和结论。"整理和分析研究资料是形成科学理论的必经环节和过渡桥梁,研究活动不能只停留在经验事实的获取与积累阶段,必须运用各种思维方法对已获取和积累起来的经验事实进行整理与加工,使科学认识活动从感性认识上升到理性认识,对经验事实的整理与加工必须富有创造性。

(五) 阐明结果,撰写研究报告和论文

研究者在进行科学研究活动的过程中,一旦得出研究结果,必须进行解释和分析。在这一环节中,对结果的解释比获得经验事实的过程更为重要,更容易引起学术上的争论。同时,还必须清楚,研究结果与研究结论具有实质性的区别。科学研究是一个创新的过程,在这一过程中,从某些问题中得出的答案常常会引起其他问题,对一个既定现象了解得越多,就越有助于科学理论的形成与深化。

第二节　高校体育科学研究方法

一、高校体育科学研究方法的内涵

方法是指关于解决思想、说话、行动等问题的门路、程序等。体育科学研究方法则是进行体育科学研究的工具与手段。科学研究是一种高级的认识形态，所以，科学研究的方法就必须有自己的特点，它必须严格地建立在客观规律基础之上，并且是程序化的方法。

体育科学研究方法是实现正确认识体育客观规律的有效工具，按照它提供的一定程序，可以有效地达到科学认识的目的。例如，体育科学研究方法中的实验法是一种获取研究资料的方法，通过这个方法就有可能发现科学真理。

二、高校体育科学研究方法的种类

学术界将科学研究方法分为三大类型：哲学方法、一般研究方法和专门研究方法。科学研究的方法体系如图6-1所示。

对某一体育规律完整的科学认识过程，往往需要经历从感性认识到理性认识，然后复归实践等阶段，各个阶段都有不同的研究方法与之相对应。因此，体育科学研究带有很强的综合性和复杂性，这就体现了体育科学研究方法的多样性。本节笔者将对体育科学研究的一般研究方法进行具体的论述。一般研究方法又可以分为三大类：经验方法、理论方法、系统科学方法。

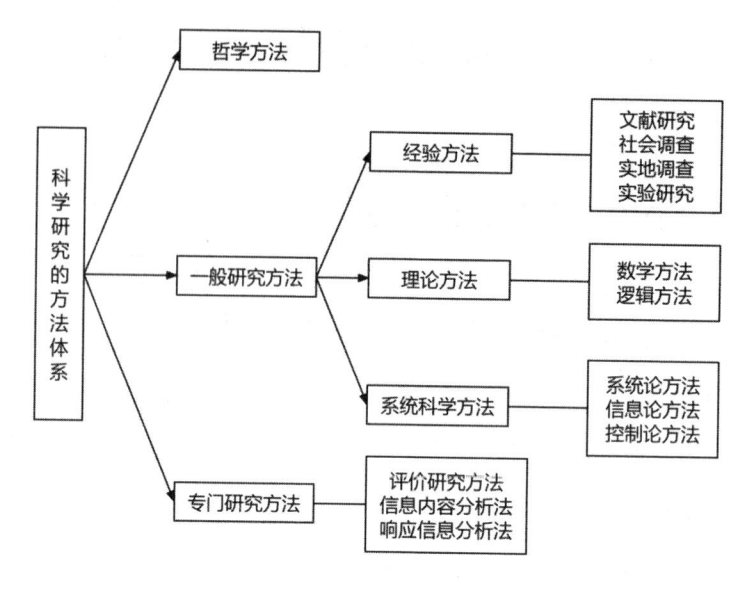

图 6-1 科学研究的方法体系

（一）经验方法

体育科学研究的经验方法，实质上是收集资料的方法。在科学认识的感性阶段，依据科学理论的指导，运用相应的方法，获得大量与研究对象有关的客观事实，从而过渡到理性认识的阶段。

（二）理论方法

要实现对研究对象本质的认识，仅仅使用体育科学研究的经验方法是远远不够的，还需要配合以体育科学研究的理论方法。如果说，体育科学研究的经验方法是收集资料的方法，那么体育科学研究的理论方法就是整理资料和分析资料的方法。体育科学研究的理论方法包括数学方法和逻辑方法等。在体育科学研究中处理大量的感性材料和信息，就需要运用体育科学研究的理论方法。

(三）系统科学方法

20世纪，以系统论、控制论和信息论为代表的现代科学方法的出现，为人类的科学认识提供了强有力的主观手段，深刻改变了科学研究的方法论体系。这些全新的方法在科学研究中，既可以作为感性方法来使用，也可以作为理性方法来使用。事实上，我国的部分体育学者已经将这些方法应用在对运动训练过程中的监测和运动训练理论的研究方面。

系统方法论是一种探讨系统的结构和功能及其变化发展的理论。其核心思想认为，系统是由若干相互作用、相互联系的部分组成的具有一定结构与功能的整体，这个整体包含若干子系统。

系统方法论对体育科学研究的指导作用主要体现在以下两个方面：一是将体育现象作为一个整体的系统进行研究。体育是社会大系统中的一个子系统，同时又包含了若干个子系统，它们之间相互作用、相互制约，组成了一个复杂的整体结构。例如，体育包含内部系统与外部系统，内部系统又包含竞技体育、学校体育、社会体育三者之间的相互关系，以及体育运动与人之间的相互关系等。体育的外部系统与社会大系统下的子系统，如体育与政治、经济、文化和科技等方面都有着密切联系。二是把体育现象作为一个开放的系统进行研究。体育作为一个开放的系统，在不断的运动和发展变化中，在主客体相互作用的过程中，在体育文化传递的过程中，不断地从外界输入信息、存储信息并加工信息，以实现体育的定向调节作用。

系统科学方法是根据事物本身的系统性，把研究对象作为一个具有一定组织结构和机能的整体来加以观察的方法。它具有整体性、结构性和动态性的特征。系统方法论认为，体育事业是由若干个子系统组成的，这些系统内的各因素相互联系、相互作用，组成了一个整体结构，这个整体结构具有动态性、整体性、组织性等特点。

三、高校体育科学研究方法选用的注意事项

（一）详细描述研究方法

如果研究方法的描述出现错误，研究结果的资料将无法支持研究课题的论点。对研究方法和技术进行深入叙述时，要将研究的思路和设计贯穿其中，详述研究对象、所用方法及统计处理等信息。美国《体育运动研究季刊》的前主编——明尼苏达大学韦斯（Benjamin Weiss）教授从编辑视角分析了科学研究方法应提供的信息。在他的论文中，对研究方法做了精彩论述，将其比喻成棒球比赛阵容的安排，认为研究方法的构成应包括以下部分：一垒手（谁）、二垒手（什么）、左外野手（为什么）、右外野手（如何）和中外野手（因为），要求科学研究工作者认真安排好方法的各部分。要做到这一点，就必须考虑以下内容：一是一垒手，即"谁"，要详细描述研究对象的特征、操作定义，以及选择或排除研究对象的标准；二是二垒手，即"什么"，要详细叙述研究设计的性质，此设计该如何具体地陈述研究假设及相关的因变量和自变量；三是左外野手，即"为什么"，要确定采取的研究措施；四是右外野手，即"如何"，要系统地说明研究所采用的步骤，以便其他研究者能够复制；五是中外野手，即"因为"，要提供数据分析并诠释研究问题的路线图，解释选择统计方法的理由。

（二）合理选择研究方法

研究方法的设计和选择是科学研究过程中两个重要的方面。科学研究的方法有很多，有定性的、定量的、定性与定量相结合的；有调查，也有观察和实验；有案例研究，也有行动研究等。关键在于是否能做出恰当的选择并能合理运用。

（三）规范撰写研究方法

随着科学研究的发展，研究方法的规范性得到越来越多的关注。例如，美国、英国等国家所要求的科学研究论文框架，通常涵盖文献评述章、方法章、结论章、讨论章等，而在方法上，要求描述研究计划、陈述论据；介绍研究工具并说明怎么做的或将怎么做；数据分析如何证明和描述，要求对所运用的方法作具体的描述；方法设计上，需要考虑的问题包括准备用来解决问题、证明观点、获得更多详尽可靠知识的方法，选择这个方法的理由，以及运用这个方法需要研究者具备的知识和技能等。对整个研究过程中的思维方式要做哲学层面上的思考，对如何发现问题、确定问题、使用什么样的方法收集资料、分析资料，以及最终要达到什么样的目的等做出缜密、系统的思考与设计，特别是对具体研究方法、手段与技术，如统计、调查、归因等方法应规范、正确使用，使研究成果更具实践意义和推广应用的价值。

（四）创新运用研究方法

知识的获取和使用需要方法，知识的创新更需要方法。科学研究工作者只有掌握了研究方法并不断创新研究方法，才能更好地提出新理论，并将理论有效地运用到实践中去。

四、高校体育科学研究方法的作用

（一）正确反映研究对象规律的通道

体育科学研究的对象有时是相当复杂的，犹如在大海中行船，不采取行之有效的科学研究方法，必然会付出巨大的代价。而使用正确的科学研究方法能够找到如实反映研究对象规律的通道，使研究者的认识与研究对象的客观实际相统一。

（二）为体育科学的形成与发展开路

科学发展的历史表明，科技的每一次重大进展，几乎都伴随着科学研究方法的重大进展；反过来，研究方法的每次新发展，又总是能使人类对自然规律普遍性的认识进一步深化。在体育科学的发展中，正是因为心理学、生理学、生物力学和生物化学研究方法的发展，才使得运动心理学、运动生理学、运动生物力学和运动生物化学等学科的形成成为可能。伴随着现代科学技术的发展、体育科学研究方法的更新，体育仿生学和体育控制理论等相继产生。

（三）使科学认识程序规范化

现如今，从认识论出发，可将科学认识的过程分为感性认识阶段、理性认识阶段及复归实践阶段。研究方法所提供的思维步骤与操作步骤的规则、程序及其合理性标准等，能使科学认识的程序更加规范化。当然，科学研究方法是不断发展着的，永远不可能出现一种尽善尽美的方法，但也不可否认，某个历史时期有最优化的方法存在。随着信息时代的到来，更加规范化、优质化的科学研究方法就显得尤为重要。

第三节 高校体育科学研究的基本原则和要求

一、高校体育科学研究的基本原则

（一）教育性原则

所谓教育性原则，是指高校体育科学研究的课题、研究手段与方法、研究过程与结果都必须符合教育的要求，必须有利于学生思想品德建设和身心发展。体育是教育的重要组成部分，因而，高校体育科学研究应为实现教育的总目标而服务。在考虑对所要研究的问题是否有利的同时，又要不能损害学生的身心健康，这既是高校体育科学研究的鲜明特点，也是高校体育科学研究必须遵循的原则。

高校体育科学研究的内容必须符合教育的要求，不允许向学生提出与教育目的相矛盾的问题。例如，研究者在进行问卷调查时，所提的问题既要客观反映高校体育的现实，又要有利于对学生进行正面教育。研究者选择研究手段和方法，以及设计研究程序时，不能只考虑对所要研究的问题有利而不顾学生的身心健康。也就是说，研究者所选择的研究方法和手段必须是道德的，是符合教育原则的，在移植其他学科的研究方法和手段时更应注意这一点。此外，贯彻教育性原则，还要求广大高校体育工作者在科学研究中实事求是、尊重事实、尊重他人，要有积极协作的精神，不能唯我独尊。

（二）理论与实践相结合的原则

唯物辩证法认为，理论与实践是辩证统一的。理论来源于实践，实践是检验真理的唯一标准；理论指导实践并在实践中得到发展。高校体育科学研究的课题不仅主要来自高校体育实践，而且其研究成果的科学性和有效性也必须通过高校体育实践的严格检验去证实。在自然科学研究中，基础理论一般是从实验室得出并经过严格验证的，其本身就具有很强的真理性和预见性。而在高校体育科学研究中，研究对象的影响因素多且难以严格控制。因此，有时就很难通过重复实验或逻辑推理去检验理论的正确性，这就需要通过高校体育实践这一主要途径加以验证。

但是，在强调实践的同时，我们也不能忽视对理论的研究。高校体育理论既是结构复杂的理论科学体系，又是实践性非常突出的应用科学体系。它包含许多与生物、社会、心理、教育等息息相关的重大理论性课题与应用性课题。科学研究的根本目的在于指导实践，抽象的理论只有与具体的实践融为一体，才能生动活泼、富有活力。

（三）继承与创新统一的原则

科学研究最突出的特征是具有创造性。然而，科学研究的任何创新成果都离不开对前人优秀成果的继承与发展。在高校体育科学研究中，一个新观点的提出、一种新思想的确立、一门新理论的构建，都包含着对优秀成果的继承。改革开放以来，我国高校体育科学研究活动异常活跃，新思想、新观点、新理论、新方法不断涌现，这些都建立在对前人成果的继承上。当然，强调继承并不意味着盲目地兼收并蓄，而是要建立在扬弃的基础上。由于已有的成果是历史的产物，不可避免地会受到当时历史环境的影响和制约，因此对前人已有的成果要进行科学分析，取其精华。总之，想要推动高校体育科学研究的发展，必须不断创新，而创新又以对前人优秀成果的继承为基本条件。因此，只有把两者结合起来，高校体育科学研究才会结出丰硕的创新之果。

二、高校体育科学研究的基本要求

（一）坚持实事求是，从客观实际出发

科学研究工作要严格从客观实际出发，承认客观存在，尊重客观事实，不夸大，不缩小，这就是客观性原则。如果不遵循客观性原则，在研究开始之前就想当然，预先提出自己的结论，这样不是把科学研究过程看作从丰富的客观事实中发现事物发展规律的过程，而是把科学研究过程作为证实自己早已得出的结论的过程，就容易为了证明自己结论的正确性而歪曲事实，只选择对证明结论有利的材料，从而产生错误的、反科学的研究成果，这在历史上是有过许多教训的。

从实际出发就是在整个科学研究过程中，要密切结合自己的工作实际，反对赶时髦、随潮流、怕讲真话的工作作风。科学研究的选题应根据自己的知识结构、研究能力、兴趣专长，以及物力、财力、时间等客观条件来确定，不能

好高骛远、脱离实际地选择那些不具备研究条件的课题来研究。

科学研究要注重应用研究，这并不意味着不做基础研究与发展研究，只是就目前高校体育的现状、条件及教师的研究水平与能力而言，应以应用研究为主，以高校体育实践中亟待解决的各种问题为主，研究教师在教学、训练、竞赛及课外体育活动等工作中遇到的问题。这类应用研究课题如能取得创新成果，将会直接推动高校体育工作的深入开展。

（二）树立科学、严谨的态度

研究者在调查、观察及实验的过程中，要不怕麻烦、不辞辛劳地做细致的记录、做精确的测量，并如实统计数据。高校体育科学研究主要研究人体的活动规律，因此研究必须是具体的、有根据的，那种笼统的"大概如此"的结论是不行的，急于求成、粗制滥造，甚至为了取得显著成果而选择性地编造数据的做法更是不可取的。另外，研究者应不盲从国外的理论与方法，不迷信"权威"的思想与观点，从我国具体实际出发，运用各种可行的研究方法，揭示高校体育工作的规律，提高高校体育工作的质量。

（三）加强道德修养

研究者要不断加强自身的道德修养，要具有尊重事实、尊重他人劳动的良好品德。大多数研究课题都需要多人配合才能完成，因此，具有大局意识和协作精神是研究者不可或缺的品质。此外，研究者要端正科学研究动机、明确科学研究目的，发挥勇于探索、不慕虚名、不畏艰苦的精神，努力在科学研究中达到预期目的。

第四节　高校体育科学研究创新管理

高校体育科学研究的管理范围较广，涉及组织机构、目标、人、财、物等因素。加强高校体育科学研究管理的目的在于有效组织开展高校体育科学研究活动。提高高校体育科学研究管理水平，对实现上述因素的优化整合、调动广大体育教师从事科学研究的积极性、提高科学研究效率、获得较好的科学研究效果都将产生积极的作用。

高校体育科学研究管理的主要内容包括：①制定体育科学研究计划；②科学地组织高校体育科学研究队伍，并按科学研究工作的需要和个人的能力组织科学研究人员；③成立相应的研究室、实验室、课题组；④为高校体育科学研究工作提供必要的物质条件；⑤提供体育科学研究工作所需的图书与文献资料；⑥加强研究人员的培训工作；⑦组织成果鉴定、推广和评奖等。

一、制订高校体育科学研究计划

高校体育科学研究工作由于长期受到认识和条件的限制，呈现出滞后于体育教学实践工作的现象，尤其是我国普通高校更为明显，即便是我国体育院校也未能成为主导我国体育科学研究的主力军。

从宏观层面上看，实施"科技兴体"战略，加强基础研究和应用研究工作固然重要，但是作为高校体育科学研究计划的重点，还应该瞄准高校体育课题的研究，探究新时期中国高校体育的教育思想，研究体育与家庭教育的关系，探讨改进教学方法与教学手段对提高体育教学质量的影响等。鉴于目前高校体育科学研究工作的现状,应有针对性地指导广大普通高校体育工作者在从事体育教学实践工作的同时,开展高校体育科学研究工作。具体来说,可从以下几个方面着手:

第一,做好高校体育科学研究计划与体育科学研究规划的衔接。科学研究计划应与科学研究规划的方向与精神保持一致。此外,还要注意使规划的战略目标与计划的阶段性目标协调统一。

第二,客观地分析单位或相关研究范围内(如课题组)科学研究人员的力量、人员结构层次和人员知识结构状况,这是制订高校体育科学研究计划的基础,计划可以从小到大、从局部到整体。

第三,实事求是地分析某些体育科学研究计划,看高校是否具备相应的科学研究仪器、设备等条件。

二、加强对高校体育科学研究组织的管理

要高质量地完成高校体育科学研究工作,就必须加强对高校体育科学研究组织的管理。具体来说,可从以下几个方面着手:

(一)设立专门的高校体育科学研究机构

高校体育科学研究机构的设立因科学研究项目、课题来源的不同而不同。一般应由科学研究项目、课题批准部门作为最高管理部门,学校科技处(社科处)和体育教研部(室)应根据高校有关科学研究管理政策加以管理,项目、课题负责人为具体管理者。

（二）明确高校体育科学研究职责

高校体育科学研究工作的主要责任应由项目、课题负责人承担，并对研究成员进行具体的分工。体育科学研究课题的开展分为课题前期管理、中期管理和后期管理三个阶段。各管理阶段的要求也有所区别——前期管理要准、中期管理要紧、后期管理要狠。

（三）建立高校体育科学研究管理制度

制定高校体育科学研究工作管理规定，一方面，是为了保证项目、课题任务的顺利完成；另一方面，也是为了鼓励广大体育教师主动参加体育科学研究工作。除了按照国家、地方科学研究管理部门颁布实施的有关科技法规，制定本单位的相应规定之外，还可以结合高校人事分配制度改革（岗位津贴），制定体育教师岗位职责和体育科学研究工作任务，明确科学研究奖惩管理规定。

三、加强对高校体育科学研究的控制

体育科学研究是探索未知的开拓性工作，在科学研究的过程中不定性因素较多，因此，在执行科学研究计划的过程中，应根据具体情况及其变化及时向上级申请修改与调整计划。对项目、课题在研究过程中出现的新情况要进行及时的人员调整；经费的分配也应根据项目、课题进展中的新情况进行及时的调拨与再分配；科学研究仪器设备也应根据需要进行更换。在整个科学研究控制中，尤其要重视对项目、课题研究进度的监管，对阶段性研究成果要及时与项目、课题研究目标进行比较和对照，及时发现问题，分析原因，尽早采取措施，确保项目、课题研究工作顺利完成。在科学研究控制过程中，项目、课题负责人负有重大责任。

第七章 高校体育课程教学管理

第一节 高校体育课程教学管理概述

一、高校体育课程教学管理的目的

高校体育课程教学管理的目的主要包括以下几点：①营造良好的体育教学氛围，让学生充分感受体育文化的独特魅力；②传授学生体育相关知识与专业技能；③培养学生良好的竞争意识和团结协作的集体主义精神，激发学生参与体育活动的兴趣；④提高学生的身体素质。

在体育教学工作体系中，体育课程教学管理是一项非常重要的内容，体育课程教学管理工作的质量直接决定了管理目的能否实现、实现的程度如何，因此，要采取各种措施和手段提高体育课程教学管理的质量。具体来说，可以从以下几个方面着手：首先，强化体育的多重目标、体现体育的多样化功能。其次，树立正确的体育教学思想。对学生来说，在教师的引导下树立"健康第一"等思想，有助于他们养成自觉锻炼的习惯，同时，还能对他们的身心健康发展起到促进作用。最后，建立科学的体育教学评价体系。通过评价得出的反馈信息能为接下来的教学安排提供必要的事实依据。

二、高校体育课程教学管理的内容

（一）教学目的与任务管理

教学目的与任务管理是高校体育课程教学管理非常重要的内容，高校体育课程教学应围绕教学目的，尽快完成教学任务、实现教学目标。只有先将教学目的与任务确定下来，体育教师才能明确教学方向，有针对性地展开教学。

无论是设计课堂教学组织方式，还是选择教学内容与方法，或者是调整课堂教学步骤，体育教师都要严格依据教学目的和任务进行。此外，体育教师也要让学生明确学习任务，从而让学生选择适合自己的且有利于尽快完成学习任务与达到学习目的的学习方法，最终获得预期的教学效果，实现教学目标。

大量的事实表明，体育教学效果与教学目的、教学任务之间有着密切的关系。如果教学目的、教学任务缺乏科学性，也比较模糊，那么体育教师在教学过程中就很难把握重点，教师不知为什么而教，学生不知为什么而学，整个课堂教学就显得盲目、随意，而且氛围比较压抑，影响教师教授的热情和学生学习的积极性，导致教学效果不佳。因此，要重点明确体育课堂教学的目的与任务，并以此为依据开展教学活动。需要注意的是，教师设置的教学目的与任务要合乎实际，客观而明确。

（二）教学容量与难度管理

在课堂教学中，教学容量与教学难度如何将直接影响教学效果。因此，体育教师设置的教学容量与难度要适中、合理，符合学生的水平。目前来看，有些体育课虽然教学容量小，但内容存在一定的难度，超出学生的承受能力，而且安排男生与女生一起上体育课，没有考虑他们的身心发展差异，有些内容对男生来说相对容易，男生经过练习是可以掌握的，但对女生来说确实是有难度的，女生即使经过反复练习也不易掌握，这必然会影响女生学习的积极性，打击她们的自信心。另外，还有一些体育课虽然教学容量大，但缺乏难度，表面看起来课堂氛围很好，学生参与的积极性也很高，但简单、机械的内容不足以提高学生的体育技能水平。由此可见，如果体育教师安排的课堂教学容量与难度不合理，就会不利于提高教师的课堂教学效果。

（三）教学时间管理

一堂体育课主要包括三个部分，即准备部分、核心部分和整理部分，这三个部分缺一不可，体育教师一定要结合教学实际合理安排。如果体育教师安排得当就能增强体育课堂教学的时效性，保持体育课堂教学良好的节奏感，有助于学生掌握重点内容。各项活动与环节所需的时间也要合理安排与分配，以保证按照预期计划完成教学任务。为实现体育课堂的教学目标，体育教师一定要管理好教学时间，不能因为没有分配好时间就随意减少要传授的教学内容，或拖延教学时间最后匆匆完成任务，这都是不负责任的表现。加强对体育课堂时间分配与安排的管理体现了有效教学的理念，能够将有限的课堂时间充分利用起来，有利于提高教学效率、实现教学目标。

（四）教学方法与手段管理

在体育教学体系中，教学手段与方法起着极为重要的作用，科学合理的教学手段与方法有助于提高教学效率，取得理想的教学效果。由此可见，教学方法与手段的管理也是体育课程教学管理中的重要内容。体育课堂教学方法与手段的管理至关重要，体育教师应深刻体会"教学有法、教无定法、重在得法"的含义。

体育教师对体育教学方法与手段进行革新，首先要树立先进的教学理念，在先进理念的指导下创新教学方法，以提升体育教学的质量，改变传统体育教学中将少数几种教学方法不分场合、一用到底的局面。体育教师合理选用教学方法与教学手段有助于真正达到省时低耗、优质高效的理想教学状态。

为了强化体育教学方法与手段的管理，探索更多先进的、有效的体育教学方法与手段，学校应组织体育教研组定期开展研讨会，构建科学合理的体育教学方法体系，为取得理想的教学效果提供保障。

（五）教学效果管理

教学效果是评价一堂体育课是否成功的重要依据，因此，加强体育教学效果的管理也是非常重要的一项管理内容。体育课的教学效果直观反映在学生的考试成绩中，尤其是技能考核成绩中。在体育课堂教学中，教师的教学活动与学生的学习活动都是为实现教学目标和提高教学效果而服务的，因此，体育教师必须在教学内容安排、教学方法选用、教学模式构建、教学评价实施中不断改进与优化，从学生的身心特点及实际需求出发，引导学生在课堂上掌握体育知识与技能，只有这样，才能从根本上提升体育课堂教学效果、实现体育课堂教学目标。

三、高校体育课程教学管理的类型

（一）专断型管理

采取专断型管理方式的体育教师会对学生提出非常严格的要求，学生必须按照教师的要求进行学习。教师往往以命令的方式要求学生完成一些任务，学生不得不服从命令。学生若不听从命令就是无视教师的权威，对于这类学生，教师往往会采取一些方式进行惩罚。在体育课堂教学中，采用专断性管理方式的教师将个人意愿和个人权威放在首位，而对学生的个性化需求并不在意。课堂教学氛围紧张、压抑、沉闷，学生不敢发表自己的意见，虽然对教师言听计从，但并不是真正愿意在这样的氛围中学习。长此以往，必然会压抑学生的个性，制约学生主体性的发挥，影响学生的身心健康发展。所以，专断型课堂教学管理方式有待改革。

（二）放任型管理

放任型管理具有较大的负面作用，采用这一管理方式的体育教师往往缺乏责任心，在体育课堂教学中一般只负责传授知识与技能，根据教案按部就班地教学，以完成教学任务为目的，至于学生是否认真听讲、是否掌握了课堂知识，以及课堂教学效果是否良好等问题，教师对此并不关心，甚至可以用"放任自流"一词来概括教师对学生的态度。

在体育课堂教学中，教师采取必要的管理方法与策略有助于活跃课堂氛围，使学生在良好的课堂环境下学习知识与技能，使学生学习的积极性得到增强，最终取得良好的学习效果。采取放任型管理方式的体育教师往往忽略了课堂管理的重要性及自身在课堂管理方面应负的责任。教师对学生放任不管，表面上似乎对学生的个性发展有益，实则对学生的学习与成长无益。教师不负责任的态度常常会导致体育课堂教学无法满足学生的实际需求，无法调动学生的学习热情，即使学习自觉性强的学生如果长时间不管理也会变得懒散，而本身自觉性就差的学生更是会无视课堂纪律，做出一些不尊重体育教师、破坏课堂纪律、影响其他学生的不良行为。

总之，放任型课堂管理方式不利于体育课堂教学活动的顺利进行，在很大程度上会影响体育课堂教学效果，不利于学生的健康成长。因此，体育教师尽量不要采取这一管理方式。

（三）民主型管理

民主型管理方式能在一定程度上体现"以人为本"的基本原则。采用这一管理方式的体育教师往往具有较强的民主意识，以学生的实际需要为中心，围绕学生的整体特征及个性化需求展开教学。在教学过程中，教师会采取一些有效的措施激发学生的学习积极性、强化学生的学习动机，努力结合学生的兴趣、爱好组织教学活动，以满足学生的需求。

民主型管理方式较为灵活，在体育课堂教学中，教师在从一个活动转移到另一个活动的过程中，可以通过灵活的管理方式使学生始终保持学习兴趣，并使课堂秩序始终有序。尽管课堂教学需求的不断提高和教学影响因素的不断变化，体育教师仍能及时完成课堂环境的重建，从而满足新的需求、适应新的变化，这是民主型管理方式与前两种管理方式相比而言最显著的优势。

体育教师采取民主型管理方式，说明他们尊重学生，希望通过民主管理营造和谐、融洽的课堂氛围，激发学生的学习兴趣，促进课堂教学效率的提高。

民主型管理方式符合现代教育理念及教学要求，值得大力推广。

（四）理智型管理

理智型管理也是体育教学管理的一个重要类型，这一类型的特点是体育教师有清晰的教学思路、明确的教学目标，依据教学目标有序安排每个教学环节、精心处理每个教学细节，以求最终顺利实现课堂教学目标。此外，体育教师也能够以课堂教学目标和所教的内容为依据，合理选用教学方法，给学生留出自主学习与思考的时间，让学生自主选择适合自己的学习方式。在学生自主学习期间，教师适时、适当地指导可以提高学生自主学习效率、增强学生的学习成就感。

体育教学和一般的文化课教学不同，教师在课堂教学中会受到很多内外因素的干扰，面对多重影响因素，采用理智型管理方式的教师往往能够灵活管理学生，学生在课堂上表现出来的学习态度、学习行为等对教师来说都是有价值的反馈，教师可以依据这些反馈进行灵活管理，从而端正学生的学习态度，使学生的学习行为趋于积极主动、合理有效。在体育课堂上善于进行理智型管理的教师往往具有教学技巧高超、管理技巧娴熟的优势，正因如此，他们才能科学合理地安排课堂教学活动。需要注意的是，理智型课堂管理方式有其自身的缺陷，主要表现为课堂氛围比较严肃、沉闷，缺乏活力，容易影响学生学习的热情和效果。

（五）情感型管理

情感型管理主要是指体育教师从学生的情感需要出发，管理课堂教学活动，课堂管理的整个过程都透露着教师对学生的爱。体育教师以得体而亲切的语言进行课堂教学，鼓励学生充分发挥自己的优势，对于进步明显的学生不吝夸奖。教师对学生的情感需要给予重视，根据学生的情绪调动课堂气氛，使学生在体育课堂上能够获得愉快的心理体验。体育课堂上难免会有破坏课堂纪律的学生，提倡情感型管理的体育教师不会一味地指责这些学生，而是会以恰当的方式引导他们规范自己的课堂行为，这样既维护了学生的尊严，又能使学生感受到教师的善意，这对建立和谐的师生关系、巩固师生之情，以及净化课堂风气都具有重要意义。情感型管理方式与现代教育理念相吻合，因此，这一管理方式值得提倡。

（六）兴趣型管理

学生是体育教学活动的重要主体，体育教师要以学生为本组织与管理教学活动。要想实现良好的管理效果，就要采取各种手段与措施培养和增强学生学习体育的兴趣。因此，在体育课堂教学中，采用兴趣型管理方式的体育教师往往教学艺术高超、教学风格突出，能够以独具艺术性的教学技巧将学生的学习兴趣激发出来，使学生在学习中陶冶情操、提升修养。

在课堂教学中，采用兴趣型管理方式的体育教师能够以有趣的方式给学生呈现所要教授的内容，使学生在富有美感的课堂教学中集中注意力听讲、看示范，使学生保持学习热情，在教师的引领下掌握新知识。这样的课堂氛围显得非常轻松、活泼，能够获得理想的管理效果，有利于实现既定的教学目标。

四、高校体育课程教学管理的实施

（一）高校体育课程教学管理实施的前提

一名合格的体育教师必须具备良好的素质，具体包括教学业务素质和思想道德素质，这是高校体育课程教学管理实施的重要前提。

1.教学业务素质

体育教师的教学业务素质主要包括体育基础理论知识、一般文化理论知识、运动技能等方面的内容。一般来说，能够依据体育教学规律和教学原则合理安排教学内容、正确选用教学方法、科学构建教学模式、全面实施教学评价，使学生利用有限的课堂时间充分掌握体育知识与技能的体育教师就是业务能力强、业务水平高的专业教师。

业务能力强、业务水平高的体育教师容易树立威望，对学生有威慑力，能管好课堂纪律、调动课堂气氛，能以生动形象的讲解和准确无误的示范调动学生学习的积极性，使学生保持积极向上的学习态度，最终也能取得较好的教学效果。由此可见，体育教师业务素养的提高非常重要。作为一名体育教师，要时刻想着如何提高自己的教学业务水平，这样才能组织与管理好体育教学活动，实现教学目标。

2.思想道德素质

体育教师的思想道德素质虽然不是外显的，也不是快速形成的，但这种内隐的影响却是非常持久而深刻的。只有品质高尚、工作态度认真、胸怀坦荡的教师才会对学生产生积极的影响。

学生这个群体具有一定的敏感性，在体育课堂上，体育教师的言行举止，甚至是表情细微的变化都会引起学生的注意，而学生接受教师的反馈信息后也会不自觉地改变自己的行为。所以，体育教师必须严于律己、以身作则，给学生树立良好的榜样。

总之，为了取得良好的体育教学管理效果，体育教师必须先规范好自己的言行，再要求学生遵守课堂纪律，否则难以使学生真正接受管理。只有教师以身作则、严于律己，才能给学生树立榜样，从而保证教学活动的顺利开展。

（二）高校体育课程教学管理实施的关键

大量的实践表明，高校体育课程教学管理实施的关键在于营造和谐的课堂教学氛围。只有在和谐的课堂教学氛围下，教师和学生才能良性互动，取得良好的教学效果。

体育教学活动是指师生的双边活动，缺少了任何一方，都不能称之为完整的体育教学活动。体育课堂教学管理同样需要体育教师和学生共同参与，需要二者互动交流。为了维护良好的课堂秩序，保证课堂管理制度的真正落实，必须建立融洽、和谐的师生关系，维护与巩固师生感情，从而使体育教师热情地教、学生主动地学。

教学管理效果的好坏与课堂教学氛围是否融洽有着直接关系。教师的教与学生的学固然对体育课堂教学质量与管理效果有决定性影响，但并不是唯一的决定性因素，师生互动的课堂环境也是不可忽视的决定性因素之一。

课堂氛围不同，学生的学习效率、教师的教学效果及课堂管理质量都或多或少存在一些差异，只有构建和谐的课堂环境、营造融洽的课堂氛围，才能增强教师与学生之间的联系，实现合作与发展。由此可见，构建和谐的体育课堂教学氛围是实施体育教学管理的关键。

第二节 高校体育课程教学管理机制

一、高校体育课程教学管理机制的内涵

最初,"机制"一词主要指的是"机器的构造和工作原理"。随着时代的发展,"机制"一词逐渐应用至生物学、医学、管理学等领域。在管理学领域,"机制"与"管理"一词结合形成了一个新的名词——"管理机制"。

促进体育教学管理效益的提高,必须建立科学有效的管理机制,在这一管理机制下开展系统内的各项活动。要想建立科学有效的管理机制,首先就要结合体育教学实际,建立相应的组织机构,并制定相关的组织制度。组织机构的建立要遵循一定的原则,那就是把系统内部的相关人员按照实际情况分配到组织系统的所有部门。而组织机构的相关制度指导不同岗位人员的行为,各个岗位的工作人员要在既定的行为规范下活动。

综上所述,高校体育课程教学管理机制就是为了保证体育教学活动正常开展而设置的,各组织或机构为了同一个目标而形成一个体系,在这一机制的指导下,体育教学活动中的各个主体行为都能得到一定的规范,这样,体育课程教学活动就能顺利进行,培养体育人才的目标也能实现。

二、高校体育课程教学管理机制的建立

高校体育课程教学管理机制的建立要以充分调动教学主体的积极性为前提,合理地设置体育教学组织机构,只有如此,才能保证体育教学活动的顺利

开展。具体而言，高校体育课程教学管理机制的建立主要涉及以下几个方面：

（一）激励机制的建立

1.激励的依据

大量实践表明，激励机制的建立对教学质量的提高具有重要作用。激励可以说是一种能够激发教学主体参与活动积极性的方式，通过这一方式的利用能够收到良好的体育教学效益。

一般情况下，体育教学管理激励机制的建立需要考虑三个方面，即教师、学生和管理者。在建立激励机制前，教学管理人员要事先做好调查，充分了解教学主体的特点及个性，然后采取有针对性的措施与手段，充分调动教师、学生和管理者的积极性，激发他们的热情，这样才能促进教学质量的提高。

教师、学生与管理者是体育教学管理激励机制中的重要构成要素。其中，教师是激励的主体，是激励活动的组织者与发起者，学生是被激励的对象，即激励客体。但从整体上来看，教学、学生、管理者三者都充当着激励主体和激励客体，三者之间的联系非常密切。

2.激励的方式

一般来说，激励的方式主要有物质激励与精神激励两种，这两种激励方式在体育教学活动中都得到了充分利用。

（1）物质激励

物质激励是体育教学中最为常见的一种激励方式，奖金、奖品、职称晋升以及工资提高等都属于物质激励。对体育教师而言，他们最为关注的物质激励一般是职称晋升，因为这会直接影响他们的收入以及未来的发展。基于此，学校相关部门应充分运用职称评定这一激励方式激励体育教师成长。

很长一段时间以来，教师的职称晋升主要以发表论文、著作的实际数量为依据，这一评价标准具有一定的片面性。那些具有丰富教学经验、教学水平高的教师可能会因为发表论文、著作的数量不够而不能获得职称晋升，从而极大地打击了他们的教学积极性，而一些教学经验不足、教学水平不高的教师却能通过这一途径获得晋升的机会。因此，这种评价方式是不合理的。

（2）精神激励

一般来说，精神激励主要是借助授予体育教师某种荣誉称号来提高体育教师工作的积极性。在体育教学评价活动中，对体育教师的积极评价能让体育教师感受到自己存在的意义和价值，能帮助他们提升教学的自信心。精神激励这一方式较为简单，不需要什么成本，但如果能运用得当，往往会获得很好的效果。由此可见，这一激励方式也是值得提倡的。

3.激励的注意事项

物质激励与精神激励这两种激励方式都不是万能的，都有一定的优缺点。因此，在具体的操作过程中，可以将这两种激励方式结合起来使用，这样有利于获得理想的激励效果。但无论采取哪一种激励方式，都需要注意以下几点：

（1）激励方式要公平、透明

无论采取哪一种激励方式，都应遵循公平、透明的基本原则，否则就失去了激励的意义，反而会适得其反，导致个体或群体对组织机构不信任，严重打击体育教师及工作人员的积极性。因此，高校要制定公平、合理的激励制度，并将这一激励制度予以公布，接受全体人员的监督，规范教学主体的各种行为，激发大家相互竞争的意识，从而促进教学质量的提高。

（2）不同激励方式的结合使用

奖金属于物质激励的一种重要方式，这一激励方式得到了广泛应用，但这一激励方式并不是万能的。人与动物的区别在于人不仅要满足自身物质层面的需要，还要满足精神层面的需要。因此，只有物质方面的激励是远远不够的，还需要建立一套以人为本的激励机制，运用精神激励的方式提升教师教学的自信心。在具体的实践中，需要将物质激励与精神激励结合起来使用。一般来说，以精神激励为主、物质激励为辅，两种激励方式综合使用，往往能获得理想的激励效果。

（3）激励与日常考核的结合使用

良好的激励机制对教学主体的教学活动能起到积极的促进作用，但需要注意的是，单纯依靠激励机制是比较单一的管理手段，还需要结合日常考核指标。只有如此，才能促使激励机制激发的内在动力和考核指标产生的外在约束发展成合力，从而充分激发教学主体的内在潜能，促进教学质量的提升。

4.激励机制的作用

激励机制的作用主要体现在以下几个方面：第一，能促使教学主体积极主动地参加各种社会实践活动，提升自身的综合素质；第二，能帮助学生正确地认识自己，树立学习的自信心，为了实现学习目标而不断努力；第三，能有效提升体育教学工作人员的管理水平，促进其综合素质的提升。

（二）保障机制的建立

1.建立保障机制的必要性

随着社会的发展，科学技术水平越来越高，出现了大量的高科技体育器材，这些高科技体育器材不仅被广泛应用于运动员的运动训练和比赛中，也被引进到高校体育教学中，对体育教学质量的提高具有重要作用。另外，这些高科技体育器材还能为教学主体参与教学活动提供一定的安全保障。

据调查，目前我国部分学校存在经费短缺的问题，在这样的情况下，学校就无法购买高科技体育器材,这在一定程度上影响了学校体育的发展。

另外,我国部分学校还存在资金分配不均的问题。受学校升学及就业压力的影响,大部分的教学资金都运用到文化课教学方面,体育教学获得的资金投入非常少,这就难以满足学生的体育学习需求。

综上所述,建立科学合理的保障机制对学校体育的发展具有重要意义,这一方面应该引起我国政府部门及学校领导人的高度重视。

2.保障机制的具体内容

建立体育教学管理的保障机制是十分必要的。通常来说,主要包括以下两个方面的内容:一方面,政府部门要结合实际建立完善的法律保障体系,借助法律手段解决教育投入缺乏资金保障的问题;另一方面,在全面分析学校具体情况的基础上,采取院系两级或一级管理的财务预算管理方式,满足一线教学的需要。就体育教学训练而言,一定要保障学生的训练经费和实习经费,只有如此,体育教学活动才能顺利进行。

(三)风险处理机制的建立

1.建立风险处理机制的意义

体育是一门以身体运动为主的学科,绝大部分的教学内容以身体运动为主,与一般的文化课有着明显区别。既然涉及身体方面的运动,就必然存在一定的风险,因此,加强学生运动中的安全管理是尤为必要的。为杜绝风险,保证学生的人身安全,就需要建立风险处理机制。

大量实践表明,事先建立风险处理机制具有重要意义。在这一机制下,体育教学活动能够在安全的基础上进行,学生的人身安全能够得到充分的保障。

学校相关部门要对各类体育教学活动的风险性作出合理判断，尽可能降低体育运动的风险。万一发生事故，也能及时采取有针对性的手段，将事故的负面影响降至最低。这不仅对体育教学活动的顺利进行具有重要意义，而且对保证学生的人身安全具有重要意义。

2.风险主体的构成

一般来说，体育教学活动中风险主体主要包括两个部分：一部分是客观事物构成的安全风险；另一部分是人为因素构成的安全风险。不同的安全风险有不同的处理办法。

客观事物构成的安全风险主要是指在体育教学活动中，因周边环境问题而导致的各种安全风险。这种风险是可以得到很好控制的。体育教师可以带领学生在上课前检查教学场地是否存在障碍物等，通过这些检查工作及时排除风险。

人为因素构成的安全风险主要有准备活动不足、身体状况欠佳、技术动作不规范等，这些都有可能导致出现一定的安全风险。例如，上体操课时，学生的倒立动作不规范，没有掌握正确的技术要领而致使颈部着地，导致颈部受伤。这一风险也可以在一定程度上得到避免，前提是学生要在体育教师的指导下安全地参加体育活动。

第三节 高校体育课程教学管理存在的问题与对策

一、高校体育课程教学管理存在的问题

体育课程教学管理是高校体育管理的中心环节，在高校体育各项管理工作中占有重要地位。近年来的高校体育教学实践证明，各级行政部门能否对高校体育课程教学管理现状作出符合实际的评估，决定着能否按照社会需要改进体育课程教学管理工作。

目前，对高校体育课程教学管理评估的研究比较少见，加速我国高校体育教学改革，优化体育课程教学管理，设计科学、可行的体育课程教学管理评估方案具有重大意义。

高校体育课程教学管理的主要内容包括体育教学计划管理、体育教学组织管理、体育教学档案管理等方面。下面就以体育教学计划管理、体育教学组织管理、体育教学档案管理，以及体育课程教学管理过程中所暴露出来的人员素质问题进行分析。

（一）体育教学计划管理系统性较差

计划本身应是一个系统工程，只有系统地计划，才能使各组成部分互相协调、互相促进，计划的目标才能完成。所以，计划的管理也要具有系统性。目前我国高校体育教学计划管理仍存在一定问题。比如，在教学大纲方面，太过

重视普通体育课教学大纲的设计,在适应社会要求、符合学生兴趣需要的专项体育课及保健课的教学大纲设计方面并不重视。调查表明,只有68.6%的学校具有自编的专项体育课教学大纲。教学大纲和教材的建设是体育课程教学管理工作的主要内容。因此,高校体育教学计划管理一定要重视其系统性。

(二)体育教学组织管理缺乏科学性

目前,我国高校体育教学组织管理工作的科学性亟待加强。具体来说,表现在以下几个方面:第一,对教学过程的检查,调查表明,有32%的院校目前还没有制定体育教学检查制度;第二,对教师的教学评价工作开展不到位,完全没有建立体育课堂教学质量评价办法的院校居然占到总体院校的52%以上。

(三)体育教学档案管理缺乏连续性

教学档案管理是课程教学管理,尤其是教学质量管理的一个重要方面,是教学工作的信息库。做好教学档案管理,有助于教师积累经验、提高教学质量,对改进体育教学工作具有重要意义。档案管理的连续性是十分重要的。目前,从各院校的调查数据来看,除了一些教学文件和学生体育成绩档案完整率是70%,多数教学档案的完整率没有超过50%。其中,国家与上级有关体育教学文件和历年教研室工作总结的完整率只有30%,尤其是对体育教学工作有直接关系的学生体质健康统计资料,在51所院校中,只有8所院校保存完整,残缺不全或是根本没有的院校接近85%。尤其要强调的是,时至今日,居然有接近30%的院校还未建立教师业务档案。由此可见,我国高校体育课程教学管理工作亟待改进。

（四）体育课程教学管理人员的素质有待提升

如今，一些体育课程教学管理人员对新时期高校体育工作中心的把握不准确，不够关注体育课程教学管理发展的趋势，不能全面地了解学校的体育教学状况，对学校体育课程教学管理制度认识不够。此外，一些体育课程教学管理人员往往由于琐碎的体育课程教学管理事务缠身而忽视了对新知识的学习，主动学习、更新知识、转变观念的积极性不高。

二、高校体育课程教学管理的对策

（一）树立正确的课程理念

新课程标准从学生身体、心理和社会三个方面提出了"运动参与""运动技能""身体健康""心理健康"和"社会适应"五个课程目标，因此，我们必须正确理解"健康第一"的课程指导思想，用"健康第一"的思想整合当前高校体育教师在思想观念上的分歧。此外，在体育课程的实施过程中一定要体现学生的主体地位，强调学生的运动参与积极性、注重学生的心理过程，决不能忽视学生对运动技能的训练，因为体育离开了运动技能就会成为无源之水、无本之木，也决不能重走技术、技能第一的老路，必须提高学生的参与意识，切实提高学生的身心健康水平。要避免"推倒重来"的做法，使得五个目标领域互相促进、协调发展、共同提高。

观念是行动的先导。体育教学观念对体育教学起着指导和统率作用。转变教学观念就是要转变已有的对教学的看法，它是我们矫正问题的基础。我们的一只脚虽然已经踏入了现代体育教学的行列，但另一只脚仍陷在传统的体育教学观念之中，因此，必须转变传统的体育教学观。具体来说，可从以下几个方面着手：

首先，要把主管教育部门的领导、学校的领导和教师重智轻体的教育思想转变到德智体美劳全面发展上来。

其次，体育必须面向全体学生，尊重学生的主体地位。只有发挥学生的主观能动性，促使学生在教师的指导下主动地、富有个性地学习，才能通过教师的导学、导练促进学生的自学、自练，培养学生的合作精神、创新精神，在竞争中掌握健身的知识和方法。

再次，要由知识、技能本位向个体发展转变。传统的体育教学过于强调竞技运动知识和技能的正规化、统一化，把原本生动的、活泼的、充满乐趣的体育教学活动局限于固定的、狭窄的技能教学中，忽视了学生的情绪体验。另外，还有教师把体育教学和育人割裂开来，忽视了对学生的价值引导。而新课程标准提出了"一切为了每位学生的健康和发展"的核心理念。因此，体育教师要通过体育知识和技能的传授，最大限度地促进学生身心的全面发展。

最后，要由重实践向理论与实践并重的方向转变。传统的体育教学就是教师教技术，带学生运动。体育教学基本上是在实践中完成的，相对而言，理论教学就显得不足。有些学校根本没有安排理论教学的学时，有些学校虽然安排了理论教学的学时，但在实践中没有落实。新课程标准要求体育与健康教育相结合，所以，体育教师必须注重向学生传授健康知识，致力于提升学生的体育文化素养和健康素养。

（二）拓展体育课程内容

高校体育课程内容要体现健身、娱乐的特点，在内容设置方面要减少与中学重复的、技术要求过高的、健身使用价值低的竞技类项目，要积极拓展群众性、趣味性强的运动项目，做到传统与时尚、技能与休闲相结合，采用具有时代性、实用性、多样化和生活化特点的教学内容，以满足学生的需要。体育教师在拓展教学内容和赋予学生更多选择自由的同时，保证学生身体素质的提高，尤其是在那些运动负荷较小的项目教学中，体育教师一定要安排充足的练习时间，既保证激发学生的学习兴趣又保证他们体质的增强，提高体育课程的实效性。

优化高校体育课程结构是高校体育教学改革的当务之急。在教学改革中，高校应按照国家有关文件，紧扣课程目标，根据学生和学校实际，对体育课程结构和体系进行完善与优化。例如，有些高校试行俱乐部和选修课相结合的课程教学模式，取得了较为理想的教学效果，符合学生身心发展规律和社会发展的需要。

体育课程教学内容的改革是高校实施素质教育的突破口。高校在调整体育教学内容时要以强身、育人为目标，力求使课程内容贴近学生未来的职业生活，适应社会发展的需要。首先，应考虑对学生身心、个性发展的影响。其次，应考虑气候、场地、设施等因素，因时、因地制宜，增加实用的健身体育、民族传统体育、现代生活体育、娱乐休闲体育和乡土体育等体现兴趣性和实用性的课程内容。最后，要更新和充实体育理论教学内容，增加体育人文社会学、体育养生保健学等体育文化、体育素养方面的知识，同时，还可增加一些有针对性、趣味性的运动处方课程内容，以提高体育课程的实用性。

（三）加强对课外体育活动的组织与管理

基于目前高校课外体育活动开展的现状，高校必须加强对学生课外体育活动的组织与管理。各类高校要开展形式多样的课外体育活动并吸引学生参加。体育部门要以扶持学生体育俱乐部和体育社团为突破口，派专人加以指导与管理，提高体育社团专业化水平，并在社团或俱乐部内部开展竞赛活动，提高学生的参与率。

对于如何提高高年级学生参加课外体育活动积极性的问题，有的高校采取了在课外体育中实行学分制管理，以此来促使高年级学生参加体育锻炼，这种做法与教育部提出的"青春健康计划"中所要求的"以半强制性手段来要求广大青少年参与体育锻炼"的做法相一致。

（四）提高体育教师的综合素质

教师是课程的具体实施者，高校要根据课程的需要加强对体育教师的培训。因为知识在不断更新，许多新开设的项目需要更加专业的师资队伍，高校要通过多种渠道、多种途径达到实施培养计划的目的。在普遍提高体育教师教学、科学研究能力的同时，要重点培养中青年体育教师，为他们创造条件，鼓励他们去完成更高层次的学历教育。

高校体育部门可以采取"走出去"和"请进来"的方式：一方面，鼓励教师参加各种教学比赛、学术活动，提高教师的业务水平和教学水平；另一方面，聘请体育专业的专家、学者来学校为教师作学术报告，以此传递最新的体育理念。

由于教学要求不断提高，如果教师不更新知识、提高教学水平，就不能适应教学改革的要求，因此应采取多种措施提高教师的业务素质。高校既可以根据教师的实际情况，有目的、有计划地选派一部分教师到体育学院进修，也可以组织教师在职学习进修，还可以鼓励教师报考上级学校继续深造，以提高体育教师的整体水平。

第四节　高校体育课程教学管理体系改革探索

一、高校体育课程教学管理体系改革的新要求

（一）高校体育课程设置的科学性

高校体育课程设置是高校体育课程结构改革的重要体现形式。从发展的角度讲，在高校体育课程教学管理体系改革过程中，高校体育课程设置应具备高度的科学性，从而体现高校体育发展的前瞻性。这既是随着时代发展脚步的不断加快对高校体育课程教学管理体系改革提出的新要求，也是高校体育课程发展过程中所带来的巨大挑战。

高校体育课程设置的科学性主要体现为课程结构的合理安排，从而使得高校体育活动的开展能够达到既定的教学目标，为学生形成良好的体育心态奠定坚实的基础。高校体育课程设置既是高校体育课程结构改革的重要组成因素，也是高校体育课程结构改革思想的进一步体现。以学生整体发展为根本出发点，有针对性地设置体育课程，使学生参与体育教学活动的积极性不断提高。

（二）高校体育课程管理机制构建的合理性

管理机制的形成是课程体系改革与构建的保障性因素，因此，应将其放在重要位置。高校体育课程管理机制主要包括课程监督、课程评价、课程实施三个方面。这是新时期我国高校体育课程管理机制构建"合理性"的充分体现，同时，对高校体育课程管理体系的构建具有一定的指导、监督作用。

课程监督是高校体育课程结构科学构建的关键，通过监督过程对课程设置有效评估，将学生参与的状况充分体现出来。而课程评价是课程管理机制有效改革的重要参考对象，也是促进高校体育课程管理体系发展的根本条件。通过准确的课程评价使课程设置存在的具体问题能够体现出来，也是课程设置不断完善的主要动力。课程实施则是高校体育课程管理机制构建的具体过程，也是对课程资源有效利用的关键，能够充分反映出高校体育课程管理体系机构改革存在的优势与不足。

（三）从高校实际出发，科学设置课程比例

高校体育课程管理体系的构建需要结合高校不同的实际情况展开相应的探索，从发展的角度出发，对课程体系的构建不断完善并加以创新。其中，科学设置课程比例就成为至关重要的因素，对高校体育教学改革具有深远的影响。

高校体育课程主要分为三个大类，包括国家课程、地方课程、校本课程。其中，国家课程顾名思义就是高校体育的必修课程，在教学体系构建过程中占的比重较大；地方课程则是高校体育选修课程的根本；校本课程是结合高校体育特点进行的相关体育课程的融合。这三类体育课程构成了高校体育课程管理

体系的主体部分。

国家课程是高校体育课程管理体系构建的重点，地方课程与校本课程的有效安排则是高校体育课程管理体系构建的关键部分。结合地域特色以及高校体育发展优势，科学设置不同类型课程的比例，从而达到新时期高校体育课程改革的目标，不仅对高校学生的基本能力以及身体素质进行充分的培养，也使得学生自身的体育意识逐渐发生转变。

二、高校体育课程教学管理体系改革的新方向

（一）重视高校体育理论教学，加强对学生理论知识的传输

理论教学既是高校体育课程开展的基础，也是具体实施的重要部分。高校体育课程管理体系结构改革的根本在于对高校传统体育开展形式进行创新，将理论教学与实践过程完美结合，从而拓展高校学生体育知识领域，进而实现对体育认识程度的提高。理论知识的传输过程是高校体育整体发展的必要环节。

对高校学生而言，理论知识的传输过程是了解体育运动的初步过程，对其内心思想的转变具有积极的促进作用。这与传统体育课程开展的方式具有一定的"差异性"。传统体育活动的开展是在实践中灌输理论知识，而新时期高校体育教学活动的开展与其相反，将理论知识的传输过程作为激发学生学习兴趣的主要环节，使得高校学生能够通过理论联系到课程实际中，从而为学生体育意识的形成奠定坚实的理论基础。

（二）将"拓展课程"与"休闲体育课程"融入高校体育课程

高校体育课程管理体系结构的改革应与时代发展的步伐相一致，将时代创新课程与课程体系结构相融合，不断拓宽高校体育发展方向。"拓展课程"与"休闲体育课程"既是社会发展过程中新兴的产物，也是对传统体育课程发展理念的一种颠覆，使得高校大众体育逐渐向休闲娱乐体育的方向延伸。"拓展课程"主要包括户外拓展训练、野外拓展活动等，而"休闲体育课程"所涉及的领域主要包括健身运动、时尚娱乐运动等。"拓展课程"与"休闲体育课程"的目的都是转变高校学生对传统体育的认识，将促进高校学生的身心发展作为高校体育课程的主要目标。

（三）结合高校体育特色开发"校本课程"

高校体育课程管理体系结构改革的发展方向趋于校本课程的有效开发与完善，高校应结合自身的体育特色进行相关课程研究，充分挖掘长久性课程资源并加以利用和总结，进而形成具有高校发展特色的体育校本课程。在此过程中，高校在体育方面教学资源的有效整合就成为高校体育课程发展的重中之重，应不断深入开发其"软件"师资与"硬件"设施，从而为体育校本课程的形成与发展奠定坚实的基础。

新时期，高校体育课程管理体系结构改革的重点在于创新，重视校本课程的开发是课程体系构建创新性的体现，也是对高校体育特色传承与发扬的具体实施。

第八章 创新教育理念下高校体育课程教学及其质量管理

第一节 创新教育理念下高校体育课程教学的顺利开展

在创新教育理念的影响下，高校体育课程教学也有所发展和完善。体育课程教学管理工作的实施，主要是为了保证高校体育课程教学的顺利开展。做好体育课程教学管理，有助于体育课程教学的整体发展。要保证高校体育课程教学的顺利开展，具体来说，需要从教学准备、教学实施和课程结束之后的检查与评价反思着手，如图 8-1 所示。

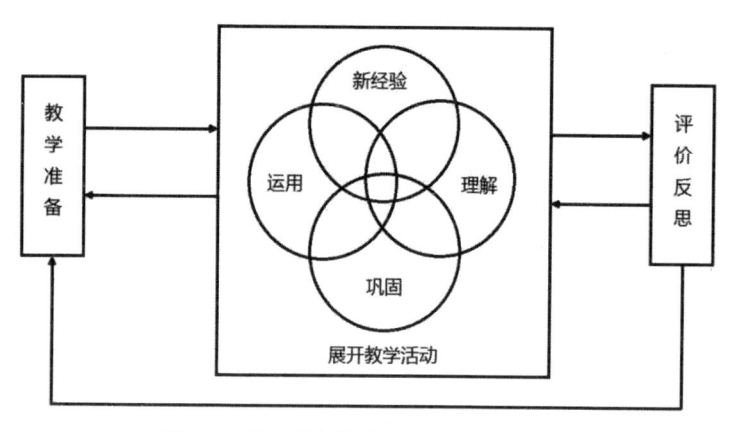

图 8-1 体育课程教学的检查与评价反思

一、体育课程教学准备管理

体育课程教学的课前准备是处于基础地位的。由于教学涉及教与学两个方面，即教师的教和学生的学，因此体育课程教学的准备阶段也涉及两个方面：一个是教师备课，一个是学生预习，这两个方面都是不可或缺的。

（一）教师备课

备课就是教师根据教学大纲的要求和体育课程的特点，与学生的具体情况相结合，选择合适的表达方法，保证学生的有效学习。从教师自身的角度来说，认真备课是上好课的前提，也是充分发挥教师主导作用的重要保证。体育教师在备课时，需要做好多个方面的工作，具体如下：

1. 认真钻研教材

首先，体育教师一定要对教学大纲进行深入、细致的研究，然后结合体育学科总的教学目标及各单元、每节课的具体教学目标，对教学的基本要求有充分的理解，准确把握教学内容。其次，体育教师对教材的钻研还体现在对教材重点与难点的把握上。

2. 深入了解学生实际

学生作为体育教学的主体，教师应对学生的身体健康状况、认知能力、运动水平，以及学习态度、兴趣、需要和个性特征等实际情况加以了解，在此基础上开展体育课程教学，才能取得理想的教学效果。

3. 选择合适的教学方法

在对教材有深入研究，明确教学任务，充分掌握学生实际情况的基础上，教师要将体育课程教学的方法确定下来，与此同时，还要将教学活动的类型确定下来。

4.编写教案

教案，也就是课时计划，是教师进行课堂教学的直接依据。因此，教案的编写至关重要。具体来说，教师编写教案的流程如下：

第一，教师要根据教学大纲的要求和学校的有关规定编写教案。体育教师要以学生的体育基础、伤病情况为依据来备课，同时，也不能忽视场地、器材的实际情况，并如实详细记录。

第二，教师编写的教案要具有规范性，根据侧重点保证详略程度的适宜性与合理性。

第三，教案中的文字要精练、准确，教法要保证正确。

5.准备场地、器材

场地、器材是体育课程教学活动开展必不可少的物质基础，关系着体育课程教学活动能否顺利进行。在开展体育课程教学活动之前，体育教师应组织学生帮忙准备器材。另外，体育教师还要按照体育课程教学活动的实际情况，认真规划场地、科学布置器材。

（二）学生预习

对教师来说，其准备工作是备课；而对学生来说，其准备工作就是预习。通过预习，学生能够对教材中的主要内容及其重点、难点加以了解，这样，就能够对上课过程中涉及的内容了然于胸，对学习的重点有准确的把握，提升学习效率。

二、体育课程教学实施管理

（一）明确教学目标

体育教师要将具体的教学内容和学生的实际情况相结合，以此来设置体育课程教学目标。体育课程教学目标指引着体育课程教学的前进方向。在教学过程中，师生双方应紧紧围绕教学目标进行活动。

（二）体育教师的上课管理

在体育课程教学活动中，体育教师具有双重身份，即教学者与管理者，因此，上课管理是将体育教师的这两种职责充分结合起来的重要体现。做好上课管理对教学质量的提升有着至关重要的作用。

体育教师对体育课程教学活动的管理，涉及的内容比较多，比如，体育课程教学常规的建立，思想政治工作的开展，调动学生学习的积极性，上课时在学生分组上要保证合理性，选择适宜的教学方法、手段，准确把握运动的强度，保证场地、器材的科学合理运用，做好安全保护措施等。

（三）把握好调控的力度

从体育教师的角度来说，调控教学对体育课程教学活动的开展是有着非常大的影响。具体来说，要注意以下几点：

第一，教师在分配教学时间时，要充分考虑体育课程教学内容的难易程度及价值，保证时间分配的科学性。

第二，教师要将启发式教学思想确定下来，然后在其导向下，对体育教学方法加以选用。

第三，在体育课程教学活动中，往往会存在有些学生"吃不饱"和有些学生"吃不了"的矛盾，要处理好这一对矛盾，教师首先要对学生的年龄特征和个体差异有准确了解。

第四，对学生来说，有效学习是其理想目标，这就需要教师对学生掌握运动技能的效果加以了解，在此基础上，教师还要根据学生动作完成的情况适当调整教学进程。

（四）师生之间积极互动

体育教师在体育课程教学活动中具有重要的主导作用，学生则处于主体性地位，两者相结合，才能保证体育课程教学活动的顺利开展。具体来说，要保证体育课程教学活动的开展效果，就要求体育教师从自身出发，努力提升自身的教学积极性，善于营造良好的课堂气氛，以此将学生学习的兴趣充分调动起来；与此同时，学生要按照教师的指引，认真学习，将自身的主观能动性充分发挥出来，以使学习效果最佳化。

三、体育课程教学的检查与评价反思

在体育课程教学活动中，检查与评价反思是最后的一个阶段，这一阶段也是非常重要的，不可忽视。检查和评价反思在体育课程教学活动中的功能主要体现在两个方面：一方面，是帮助学生进一步巩固所学体育知识、运动技能；另一方面，是帮助体育教师发现体育教学过程中所存在的不足，为体育教师及时采取相应的补救措施提供一定的便利。

一般来说，检查就是为了对教学效果有一个全面且充分的了解。检查采用的方式主要有教师观察、身体素质测定、运动技能展示等。检查的内容则包括学生运动技能的掌握情况、学生在体育比赛中综合运用运动技能的能力，以及体育教师业务水平的提高程度等方面。

评价反思对体育教师和学生来说是体育课程教学活动中不可或缺的重要环节。教学评价反思，具体来说，就是体育教师以学生对新知识、新技能的掌握情况为依据，对教学目标的达成情况进行判断，然后确定要采取的补救措施或者对既定措施加以适当调整，同时，学生也要做好自我监控工作。

除此之外，教师需要对自己在教学过程中的行为、取得的最终效果，以及这样做的原因、理想方法或策略的选择等内容进行反思来，有效促进理想教学效果的实现，这也能使教师的教学能力和教学水平得到提升。需要注意的是，在体育课程教学活动中，评价反思是一个相对独立的环节，同时又贯穿于整个教学过程。

第二节 创新教育理念下高校体育课程教学管理的方法

一、体育课程教学管理方法的内涵

体育课程教学管理方法，可以将其理解为一般管理方法在体育课程教学领域及管理活动中的具体化。但是，有一点要强调，体育课程教学管理不是一般性管理方法的复制与翻版，而是有其独特个性的。

具体来说，所谓的体育课程教学管理方法，就是指在体育课程教学管理活动中，为实现体育课程教学管理目标而采取的方法。简而言之，体育课程教学管理方法，是课堂教学活动中体育教师为履行管理职责，协调教师与学生之间的关系，保证体育课堂教学活动顺利进行，而采取的手段，及其程序的总和。

体育课程教学管理方法多样性和灵活性的特点较为显著，其需要考虑的因素有两个：一是体育课程教学活动中教师和学生的情绪变化；二是脑力劳动过程和成果的模糊性。这些特点能够在体育课程教学活动中将学生的自觉性、激情和热情充分激发出来，使学生的积极性得到有效提升。

二、体育课程教学管理方法的功能

（一）培养和提高功能

体育课程教学管理方法的培养和提高功能主要体现在体育教师身上。体育教师在体育课程教学活动中是作为管理者和教学者同时存在的，因此，就要求体育教师具备分析决策能力、组织实施课堂教学能力、协调控制课堂教学活动能力。体育教师自身的知识储备、智慧和经验，都会影响其体育课程教学管理能力的提高，但这只是为其有效地在体育课程教学中选择和运用科学管理方法提供了先决条件。要培养和提高体育教师的管理能力，学习并且在实践中运用科学管理理论及其所阐述的科学的管理方法才是根本。从某种程度上来说，选择和运用体育课程教学管理方法的过程也是培养和提高体育教师教学管理能力的过程。

（二）连接和沟通功能

体育课程教学管理活动的连接和沟通功能主要体现在教师与学生之间的联络上。从本质上来说，体育课程教学管理活动就是管理者与被管理者之间的一种交互活动，即教师与学生之间协调和联络的一种形式。

体育课程教学活动的顺利进行必须由教师在体育课程教学中组织贯彻实施相应的课堂教学计划，必须落实到作为组织成员的学生的实际活动中，而这一切都需要体育课程教学管理方法的参与才能顺利进行。可以说，体育课程教学管理方法是体育课程教学活动的中介和枢纽，是教师与学生在课堂教学活动中身心都得到协作的通道。

（三）规范和调节功能

体育课程教学管理，就是要保证体育课程教学活动开展秩序的规范性，使管理目标尽快达到、教学效果最优化。在体育课程教学活动中，管理就是要按照既定的规矩来执行，否则，就无所谓管理了。从某种意义上来说，规矩是体育课程教学管理手段和方法的体现，其主要目的是有效规范和调节师生在体育课程教学活动中的行为，从而达成体育课程的教学目标。

（四）创造和增效功能

体育课程教学管理活动的创造和增效功能主要从教学管理方法的运用效果上得以体现。具体来说，能够使教师和学生在体育课程教学活动过程中的关系更加协调，教师和学生之间的摩擦减少，体育课程教学活动的有序化程度和课堂教学目标的达成度有所提升，这些都得益于体育课程教学管理方法的灵活运用。然而，在体育课程教学活动过程中，所采用的方法和手段并不是时刻都能发挥出最优效果的，这就需要将体育课程教学管理的增效功能发挥出来，保证效益尽可能最大化。

三、常见的体育课程教学管理方法

（一）说服方法

说服，在体育课程教学活动中就是一个摆事实讲道理的活动。首先，要将何谓说服明确下来，即以合理的阐述引导、启发学生的态度或行为趋于预期的方向。在教育教学的活动过程中，说服就是教师通过摆事实讲道理，借助言语、事实和示范，把外在的社会角色规范内化为说服改变对象的道德认知，从而改变其态度或使其行为趋于预期目标行为的活动。

说服具有言语刺激、就事论理的显著特点，以理服人，力求引导、启发或改变对象，提高对象进行自我改变的自觉性，重在强调信服而不是压服，是一种利用言语沟通的方法。在体育课程教学活动中，教师利用说服的管理方法，需要做到以下几点：

首先，教师要有坚定的立场。这是一个教师自信心和权威性最直接的体现。比如，在体育课程教学过程中，如果学生出现不当行为，这时教师就需要从自身的角度出发，将学生此行为所带来的不良影响描述清楚，从而使学生的不良行为得到改变。

其次，教师应给学生有感情的回应。这是说服中对说服对象所应当有的态度。有感情的回应，首先必须是积极回应，这对打通师生沟通的渠道是非常有帮助的，由此以一种双方都接受的方式解决课堂教学活动中出现的问题。

最后，教师要有高超的说话艺术。具体来说，是指教师寻找适当的说话契机，通过各种方式将话题打开，选择合适的谈话地点与场合，同时，教师要对学生的意向有充分把握。

（二）制度约束方法

众所周知，各种竞赛都是有其各自的规则的，对体育课程教学活动来说，其顺利开展也需要一定的活动规则加以约束。规章制度能够使教师顺利进行知识传授，同时，也可以给学生营造良好的学习氛围。此外，规章制度为体育课程教学活动中的每个成员提供了一定的行为规范。

在体育课程教学管理活动中采用制度约束方法，首先要确定好规章制度的标准，即具有合理性、可操作性。这就要求一定要有计划、有耐心地制定规章制度。对教师来说，在体育课程教学管理过程中采用制度约束方法，为了保证实施效果，有以下两个方面的问题要加以注意：

一是要让学生对自己的行为负责。教师要尽早将体育课程教学管理的规章制度制定出来，并且向学生解释清楚，便于学生执行。

二是教师在制定体育课程教学管理的规章制度时，为了避免不必要的解释和争论，可以邀请学生一起参与到规章制度的制定工作中来，同时，这样做也能使学生积极主动地遵守其参与制定的规章制度，提升规章制度的科学性、可行性。

（三）集体教育方法

集体教育方法也是教师在体育课程教学活动中常用的管理方法之一。在体育课程教学活动中，教师使用集体教育的管理方法就在于通过集体成员之间的交往产生巨大的教育力量，既可以使教师有效地组织管理好课堂教学，又可以帮助学生在课堂教学过程中愉快地学习知识。

在体育课程教学活动中，集体教育的正确导向主要来源于教师的引导和监督，这样能使集体自身发展方向的正确性得到保证，有效满足集体成员的个体需要，顺应体育课程教学活动的要求和整个教育的要求，在这两者之间，教师找到发展的结合点，由此能够促使两方面同等进步。

（四）自我管理方法

这里所说的自我管理方法，主要是针对教师自身来说的。在体育课程教学活动中，教师作为管理者，起到重要的主导作用。教师的自我管理水平制约着整个课堂教学的管理水平。通常来说，在体育课程教学活动中，教师的自我管理主要包括三个方面，即意识自控、情感自控和行为自控。

1.意识自控对教师的要求

一位美国心理学家曾指出："一个教师在教室里所要了解的第一件事就是了解他自己和他周围环境的心理因素和力量。"倘若教师对自己的教学表现没有允分的了解，在教学风格的控制和调节上缺乏灵活性，那么，其课堂教学活动的组织工作就不会很好，最终影响教学效果，由此可见意识自控的重要性。

2.情感自控对教师的要求

教师的情感对体育课程教学活动的很多方面都会产生影响，包括其教学思想和语言的表达，以及学生的听课情绪和思维活动的积极性。因此，善于情感自控是教师基本的职业修养。对此，教师应做到以下几点：

首先，教师要控制好自己的情绪，尤其不要将自己的消极情绪带到课堂上。

其次，在教学过程中，学生难免会提出不同的观点或者带有情绪，这时候教师要注意不要让学生的情绪左右自己的情绪。教师应当学会自制和忍耐，以减少教育失误。

最后，在教学过程中，必然存在优等生和学困生，教师要注意一视同仁，让每一个学生都能感受到教师的尊重。

3.行为自控对教师的要求

在体育课程教学活动中，教师的教学语言、教学组织、板书示范、表情姿势等，都属于行为的范畴。行为自控对教师的要求主要有以下几点：

第一，在教学语言方面，教师要努力做到准确、精炼、简洁、规范，音量高低适中，语速快慢适宜。

第二，在教学组织方面，教师要努力做到环环相扣，循序渐进；疏密相间，重点突出；动静搭配，新颖有趣，形成有规律的教学节奏，易于学生接受。

第三，在板书示范方面，教师要努力做到规范、准确，步骤清楚。

第四，在表情姿势方面，教师要努力做到自然、大方，与口头语言所述的情景相统一、相协调，使言语表达的生动性和感染力得以增强。

总的来说，教师良好的意识自控、情感自控和行为自控，既是教师进行体育课程教学自我管理的主要内容，也是集中学生注意力、调动学生听课情绪、激发学生思维积极性、保证课堂秩序的关键所在。

（五）目标激励方法

体育课程教学管理目标本身就是一种特定的要素，其对整个体育课程教学产生重要影响，主要表现为导向、激励、调控和评价等。需要强调的是，这个目标的制定一定要和教学目标、素质结构相互衔接、相互贯通，其包含的内容非常宽泛，比如，学科的知识、能力等认知因素，兴趣、需要、动机、情感、意志、习惯和态度等非认知因素，都属于其内容范畴。在制定体育课程教学管理目标时，首先要注意课堂教学结构、流程、技巧和气氛等显性指标，与此同时，其环节、质量、效率等隐性指标也不能忽视，因为教学目标对管理目标具有重要影响，管理目标的制定要以教学目标为依据。

（六）情感激励方法

实践证明，学生学习的积极性与情感之间是有着密切关系的。情能动人，更能对人起到激励作用。因此，教师在体育课程教学过程中，注意对学生的内在动力进行有效挖掘，善于用真实的情感去激励每一位学生进步，必会取得事半功倍的效果。

体育课程教学管理本身就是一种教师与学生的双边交流活动。如果一个教师能做到与学生感情融洽、心灵相通，那么，管理者与被管理者双方知识信息的有效传递与反馈就能顺利实现，管理的最佳状态也能有效达成。为此，师生之间必须是民主、平等、合作的关系。作为管理者的教师应该以平等的态度对待学生，以民主的方式管理和指导体育课程教学。

（七）榜样激励方法

榜样的力量是无穷的。榜样具有形象性、感染性、权威性和可信性等显著特点。通过榜样，能够将外在的激励转化为学生内在的激励，成为他们前进的动力或者终身的楷模。由此，可以将榜样激励方法理解为引导学生选择好的榜样、指导学生学习好的榜样，从而促进学生进步和成长的一种积极性方法。

将榜样激励方法应用在体育课程教学管理中，其会通过榜样的示范来规范、引导学生的行为，激励学生奋发向上，以求达到预期的体育课程教学管理成效。在体育课程教学管理中，所谓的榜样有两个，一个是教师，一个是学生，这两者都是非常重要的，不可被替代。

（八）分组控制方法

控制是管理过程中的重要职能之一，它意味着对组织成员的活动进行监督，判定组织是否正朝着既定的目标健康地向前发展，并在必要的时候及时采取矫正措施。分组控制方法在体育课程教学管理中的应用是非常普遍的，通常用于将学生分成若干小组进行讨论学习的情况。

教师要想在体育课程教学管理中，恰当地运用分组控制方法，需要对以下几个方面的事项加以注意：

首先，要做好教室布置管理工作。在体育课程教学活动中，教师要将学生分组，然后以小组的形式对本节课所学的知识点进行讨论，这是分组控制方法实施的重要前提条件。

其次，要做好集中小组注意力的相关提示工作。学生在以小组为集体的讨论、学习过程中，难免会受到其他小组的影响，这就要求教师必要的时候通过各种方式和途径提示学生集中注意力，专注自己的事情。

最后，要做好促进小组内成员合作和互助管理工作。当小组或者小组内成员的成果或行为得到了组外人员的认可，组内就会产生积极的合作和互助，这样不仅能对组内成员的良好表现起到促进作用，还能有效增强小组的凝聚力，有助于教师体育课程教学活动的有效管理。

第三节 创新教育理念下高校体育课程教学质量的管理

所谓教学质量，就是指教学活动或现象满足某些明确或隐含需要的特性。通过总结，将对体育课程教学质量的研究与剖析观点归纳为以下几点：①教学质量主要包括教师的教学工作质量和学生的学习质量，其中，对教学质量的好坏起到决定性作用的是教师的教学决定；②体育课程教学质量应包括投入、过程和产出三个方面。

一、体育课程教学质量管理的内涵

体育课程教学质量，所指的是学生经过一定期限的学习后所应达到的规格要求。而体育课程教学质量管理，则是通过一定原理和手段的运用来合理协调和利用参与教学活动的各种因素，有效控制体育课程教学过程的各个环节，最终达到预期的质量标准，实现学校教育目标的一种管理方法。很显然，体育课程教学过程管理是包含教学计划管理和教学质量管理两个方面，缺少其中任何一个方面，体育课程教学过程管理就是不完整的。

加强体育课程教学质量管理，首先需要在观念上明确以下几点：①对体育课程教学质量的认识应该是全面的、完整的；②对体育课程教学质量问题的认识应该从教与学两个方面来进行；③体育课程教学质量管理的受众是全体学生，切忌只针对少数拔尖学生；④体育课程教学质量管理是一种全过程的管理；⑤要树立全员体育课程教学质量管理的观念。

二、体育课程教学质量的主要内容

体育课程教学质量的内容主要有三个方面,即条件质量、过程质量以及结果质量。

(一)条件质量

1.硬件条件要符合标准

首先,规定必备的硬件一定要达到相关的要求,否则,人才培养的质量就难以得到保障。为此,就要求在体育课程教学质量管理中必须加强对体育教学条件的管理。

2.要做好体育课程教学基本建设

课程建设、教材建设等都属于体育课程教学基本建设的范畴。电子教材、网上教材等方面的探索与应用也要加以注意。

3.要做好班风建设工作

班风是提高体育课程教学质量的重要保证。班风建设质量的好坏会直接影响体育课程教学质量。学生的学习风气、学习态度是班风建设的根本问题;教师从严执教、为人师表是班风建设的重要方面,要高度重视。班风具体可以分为学风、教风、考风几个方面。

(二)过程质量

过程质量,实际上指的就是平时所说的教学质量,其所强调的重点为理论课和实践性教学环节的动机和效果的一致性。影响过程质量的因素较多,比如,课程体系的合理性、教学大纲的适用性、教师的教学态度、教学手段和方法的合理性、学生学习的态度、学生学习的能力、考核方法对学生的影响，以及教学保障体系是否正常运转等。其中，从根本上产生影响的主要是教师的教学态度、投入程度以及学生学习的自觉性。具体来说，要做好体育课程教学过程质量管理，需要从以下三个方面着手：①要使各个教学环节的管理规范性得到保证；②将教学主要环节的管理作为关注的重点；③要加强对薄弱环节的管理。

（三）结果质量

在关注体育课程教学时，要对体育课程教学结果质量加以关注，这是不可或缺的重要部分之一。可以说，提高体育课程教学结果质量是提高整个体育课程教学质量的重要基础。在评价体育课程教学结果质量时，需要从以下几个方面着手：一是师生关系的融洽性；二是教与学的沟通性；三是要注意科学性与实用性的融合，不但要丰富学生的知识储存，还要开拓他们的思路；四是要求教师运用各种教学艺术精心组织教学。

三、体育课程教学质量管理的要求

（一）教学质量管理处于体育课程教学管理的核心地位

教学质量的高低，能够综合反映出体育课程教学管理水平。体育课程教学管理的内容主要为教学质量，是为了教学质量的提升做准备的。教学质量的管理在整个体育课程教学管理中处于重要的核心地位，管理者要在正确的教学质量观的指导下，根据一定的教学目的，对影响"教"与"学"的各种因素进行检查、分析与控制，从而使教学任务的全面完成和教学质量的全面提高得到有力保证。

（二）体育课程教学质量观和质量标准

1.体育课程教学质量观

所谓的体育课程教学质量观，就是指对教师教学优劣程度总体性的看法和认识，其能够将管理者的教育思想水平反映出来，同时，其在整个体育课程教学过程中起着重要的导向作用。

管理者的教学质量观不同，其检查、评价教学质量的标准就不同，对教学过程产生的影响也就不一样。因此，树立正确的教学质量观是管理者科学实施教学质量管理的重要前提。

正确的体育课程教学质量观应是全面的质量观。它具体表现为以下几点：①对教与学两方面质量的整体认识；②对教学促进学生个体发展的全面评价；③对教学质量的评价要面向全体学生。

2.体育课程教学质量标准

体育课程教学质量标准有总体标准与具体标准之分。

（1）总体标准

体育课程教学质量的总体标准是具有普遍性和方向性的质量标准。体育课程教学质量的总体标准是体育课程教学质量管理者应该遵循的根本原则和最高依据。

（2）具体标准

体育课程教学质量的具体标准包括三个方面：一是各学科、各年级的质量标准；二是教学过程中"教"的质量标准；三是教学过程中"学"的质量标准。

通常情况下，可以将体育课程教学质量标准体系分为纵向质量标准、横向质量标准和综合性质量标准三个方面。

参 考 文 献

[1] 耿剑峰.创新教育理念下的体育课程建设与教学管理研究[M].北京：新华出版社，2021.

[2] 李尚华，孟杰，孟凡钧.大学体育教学与管理实践[M].长春：吉林出版集团股份有限公司，2019.

[3] 邱天.高校体育创新思维的教学与实践[M].厦门：厦门大学出版社，2020.

[4] 沈阳.高校体育教学基础课程与管理组织结构研究[M].哈尔滨：哈尔滨地图出版社，2018.

[5] 施小花.当代高校体育教育理论与发展探究[M].长春：吉林人民出版社，2021.

[6] 王丹，周岳峰，陈世成.高校体育理论知识与实践研究[M].长春：吉林人民出版社，2021.

[7] 王冬梅.高校体育教育创新发展研究[M].长春：吉林人民出版社，2021.

[8] 吴广，冯强，冯聪.高校体育管理体制与教学改革研究[M].北京：研究出版社，2020.

[9] 谢丽娜.高校体育风险管理研究[M].长春：吉林人民出版社，2020.

[10] 谢明.高校体育教育理论探索与实务研究[M].长春：吉林人民出版社，2020.

[11] 曾佳.大学体育教学与管理研究[M].长春：吉林出版集团股份有限公司，2019.

附　录

附录一　高等学校体育工作基本标准

为落实立德树人根本任务，加强高等学校体育工作，切实提高高校学生体质健康水平，促进学生全面发展，根据国家有关规定，制定本标准。本标准适用于普通本科学校和高等职业学校的体育工作。

一、体育工作规划与发展

1.全面贯彻党的教育方针，服务立德树人根本任务，将学校体育纳入学校全面实施素质教育的各项工作，认真执行国家教育发展规划、规章制度及各项要求。创新人才培养模式，使学生掌握科学锻炼的基础知识、基本技能和有效方法，学会至少两项终身受益的体育锻炼项目，养成良好锻炼习惯。挖掘学校体育在学生道德教育、智力发展、身心健康、审美素养和健康生活方式形成中的多元育人功能，有计划、有制度、有保障地促进学校体育与德育、智育、美育有机融合，提高学生综合素质。

2.统筹规划学校体育发展，把增强学生体质和促进学生健康作为学校教育的基本目标之一和重要工作内容，纳入学校总体发展规划，全面发挥体育在学校人才培养、科学研究、社会服务和文化传承中不可替代的作用。制订阳光体育运动工作方案，明确工作目标、具体任务、保障措施和责任分工，并落实各项工作。

3.设置体育工作机构，配备专职干部、教师和工作人员，并赋予其统筹开展学校体育工作的各项管理职能。实行学校领导分管负责制（或体育工作委员会制），每年至少召开一次体育工作专题会议，有针对性地解决实际问题。学校各有关部门积极协同配合，合理分工，明确人员，落实责任。

4.加强学校体育工作管理，在学校体育改革发展、教育教学、教研科研、竞赛活动、社会服务等各项工作领域制订规范文件、健全管理制度、加强过程监测。建立科学规范的学校体育工作评价机制，并纳入综合办学水平和教育教学质量评价体系。

二、体育课程设置与实施

5.严格执行《全国普通高等学校体育课程教学指导纲要》，必须为一、二年级本科学生开设不少于144学时（专科生不少于108学时）的体育必修课，每周安排体育课不少于2学时，每学时不少于45分钟。为其他年级学生和研究生开设体育选修课，选修课成绩计入学生学分。每节体育课学生人数原则上不超过30人。

6.深入推进课程改革，合理安排教学内容，开设不少于15门的体育项目。每节体育课须保证一定的运动强度，其中提高学生心肺功能的锻炼内容不得少于30%；要将反映学生心肺功能的素质锻炼项目作为考试内容，考试分数的权重不得少于30%。

7.创新教育教学方式，指导学生科学锻炼，增强体育教学的吸引力、特色性和实效性。建立体育教研、科研制度，形成高水平研究团队，多渠道开展以提高学生体质健康、教学质量、课余训练、体育文化水平等为目标的战略性、前瞻性、应用性项目研究，带动学校体育工作整体水平提高。

三、课外体育活动与竞赛

8.将课外体育活动纳入学校教学计划，健全制度、完善机制、加强保障。面向全体学生设置多样化、可选择、有实效的锻炼项目，组织学生每周至少参加三次课外体育锻炼，切实保证学生每天一小时体育活动时间。

9.学校每年组织春、秋季综合性学生运动会（或体育文化节），设置学生喜闻乐见、易于参与的竞技性、健身性和民族性体育项目，参与运动会的学生达到50%以上。经常组织校内体育比赛，支持院系、专业或班级学生开展体育竞赛和交流等活动。

10.注重培养学生体育特长,有效发挥体育特长生和学生体育骨干的示范作用，组建学生体育运动队，科学开展课余训练，组织学生参加教育和体育部门举办的体育竞赛。

11.加强校园体育文化建设，促进中华优秀体育文化传承创新。学校成立不少于 20 个学生体育社团，采取鼓励和支持措施定期开展活动，形成良好的校园体育传统和特色。开展对外体育交流与合作。通过校报、公告栏和校园网等形式，定期通报学生体育活动情况，传播健康理念。

12.因地制宜开展社会服务。支持体育教师适度参与国内外重大体育比赛的组织、裁判等社会实践工作。鼓励体育教师指导中小学体育教学、训练和参与社区健身辅导等公益活动。支持学校师生为政府及社会举办的体育活动提供志愿服务。

四、学生体质监测与评价

13.全面实施《国家学生体质健康标准》，建立学生体质健康测试中心，安排专门人员负责，完善工作条件，每年对所有学生进行体质健康测试，测试成绩向学生反馈，并将测试结果经教育部门审核后上报国家学生体质健康标准数据管理系统，形成本校学生体质健康年度报告。及时在校内公布学生体质健康测试总体结果。

14.建立健全《国家学生体质健康标准》管理制度，学生测试成绩列入学生档案，作为对学生评优、评先的重要依据。毕业时，学生测试成绩达不到50分者按结业处理（因病或残疾学生，凭医院证明向学校提出申请并经审核通过后可准予毕业）。毕业年级学生测试成绩及格率须达95%以上。

15.将学生体质健康状况作为衡量学校办学水平的重要指标。将体质健康状况、体育课成绩、参与体育活动等情况作为学生综合素质评价的重要内容。

16.建立学生体质健康状况分析和研判机制，根据学生体质健康状况制定干预措施，视情况采取分类教学、个别辅导等必要措施，指导学生有针对性地进行体育锻炼，切实改进体育工作，提高全体学生体质健康水平。

五、基础能力建设与保障

17.健全学校体育保障机制，学校体育工作经费纳入学校经费预算，并与学校教育事业经费同步增长。加强学校体育活动的安全教育、伤害预防和风险管理，建立健全校园体育活动意外伤害保险制度，妥善处置伤害事件。

18.根据体育课教学、课外体育活动、课余训练竞赛和实施《国家学生体质健康标准》等工作需要，合理配备体育教师。体育教师年龄、专业、学历和职称结构合理，健全体育教师职称评定、学术评价、岗位聘任和学习进修等制度。

19.将体育教学、课外体育活动、课余训练竞赛和实施《国家学生体质健康标准》等工作纳入教师工作量，保证体育教师与其他学科（专业）教师工作量的计算标准一致，实行同工同酬。

20.体育场馆、设施和器材等符合国家配备、安全和质量标准，完善配备、管理、使用等规章制度，基本满足学生参加体育锻炼的需求。定时维护体育场馆、设施，及时更新、添置易耗、易损体育器材。体育场馆、设施在课余和节假日向学生免费或优惠开放。

附录二　普通高等学校健康教育指导纲要

《"健康中国2030"规划纲要》明确提出"加大学校健康教育力度。将健康教育纳入国民教育体系，把健康教育作为所有教育阶段素质教育的重要内容"。健康是青少年全面发展的基础，加强高校健康教育、提升学生健康素养，是贯彻落实党的教育方针，全面实施素质教育、促进学生全面发展、加快推进教育现代化的必然要求，是贯彻落实《"健康中国2030"规划纲要》，建设健康中国、全面提升中华民族健康素质的重要内容。近年来，各地各高校在推进健康教育、提升学生健康素养方面做了大量工作，取得了积极进展，但健康教育的覆盖面不广、针对性不强、措施落实不到位等问题仍然突出；部分学生健康意识淡漠，维护和促进自身健康能力不足，锻炼不够、睡眠不足、作息不规律、膳食不合理等不健康生活方式正在成为影响学生健康的危险因素。为进一步加强高校健康教育，提升学生健康素养，促进学生身心健康，特制定本指导纲要。

一、总体要求

（一）指导思想

高校健康教育要全面贯彻落实党的十八大、十八届三中、四中、五中全会和习近平总书记系列重要讲话精神，全面贯彻党的教育方针，按照《国家中长期教育改革和发展规划纲要（2010—2020 年）》《"健康中国 2030"规划纲要》的部署和要求，不断更新观念、创新形式、落实载体、完善制度，全方位、多途径、多形式开展高校健康教育和健康促进，充分发挥健康教育在培育和践行社会主义核心价值观、推进素质教育中的综合作用，帮助学生树立健康意识，掌握维护健康的知识和技能，形成文明、健康生活方式，提高自身健康管理能力，增强维护全民健康的社会责任感，促进学生身心健康和全面发展。

（二）基本原则

高等教育阶段是高校学生身心成长成熟、健康素养形成的重要时期。高校学生是传播健康理念、引领健康生活方式的重要人群。高校健康教育重在增强学生的健康意识、提高学生的健康素养和健全学生的人格品质。

开展高校健康教育应遵循以下基本原则：

——问题导向与健康需求相衔接。围绕学生的健康需求，针对学生的主要健康问题及其影响因素，合理科学选择健康教育的内容和形式，确保健康教育取得实效。

——知识传授与行为养成相促进。健康行为是维护和促进健康的关键。健康知识和技能是促进健康行为形成的前提。要以健康行为养成为出发点，传播健康知识和技能，提升学生健康素养。

——课堂教学与课外实践相协调。课堂教学是传授健康知识和技能的主要渠道。课外实践是践行健康知识和技能的主要场域。要结合课堂教育教学内容，合理安排健康实践活动，促进学生健康知识的运用与行为的形成。

——维护个体健康与增强社会责任相统一。个体健康是全民健康的基础，促进全民健康需要每个人的共同努力。既要提升学生的健康素养，也要增强学生在维护和促进全民健康方面的社会责任感和示范引领作用。

——总体要求与地方实际相结合。各地学生面临的健康问题及影响健康的危险因素不尽相同，各地应在国家有关健康教育的总体规划和原则指导下，结合本地实际，对健康教育的内容进行合理安排，并适当调整补充。

二、主要内容

高校健康教育是中小学健康教育的延续和深化，是全民健康教育的重要组成部分。高校健康教育内容主要包括健康生活方式、疾病预防、心理健康、性与生殖健康、安全应急与避险五个方面，其目标和核心内容分别为：

（一）健康生活方式。

目标：树立现代健康意识，掌握健康管理和健康决策的基本方法，养成文明健康的生活方式，提高自觉规避、有效应对健康风险的能力。

核心内容：现代健康的概念；高校学生面临的主要健康问题和影响因素；健康决策和健康管理的基本原则；饮食行为与健康，中国居民膳食指南及其应用，日常生活常见的食品安全隐患与防范（食品安全五要素）；睡眠与健康，睡眠不足与睡眠障碍的危害，劳逸结合，规律作息，预防网络成瘾；运动与健康，科学锻炼原则及方法、运动负荷的自我监测；烟草危害及戒烟策略，毒品（新型毒品）危害及禁毒，物质滥用（酗酒、滥用镇静催眠药和镇痛剂等成瘾性药物等）的危害及防范；环境卫生与健康。

（二）疾病预防。

目标：增强防病意识，掌握常见疾病的预防原则和常规措施，提高防控传染病和慢性非传染性疾病的能力。

核心内容：常见传染病（如流感、结核病、病毒性肝炎等）的预防；慢性非传染性疾病（如高血压、糖尿病、肿瘤等）的基本知识、预防原则和常规措施；抗生素滥用对健康的危害，在医生指导下使用抗生素；定期进行健康体检的意义和项目选择；常用的健康指标、正常范围，测定身体健康状况的常用方法（如测量腋温和脉搏、血压等）；正确选择必要、有效的保健与保险服务。

（三）心理健康。

目标：树立自觉维护心理健康的意识，掌握正确应对学业、人际关系等方面的不良情绪和心理压力必需的相关技能，提高心理适应能力。

核心内容：心理健康的概念；心理健康与身体健康的关系；学生心理发展特点和相关社会因素；抑郁症和焦虑症的表现，自我心理调适与技能，促进积极情绪与缓解不良情绪的基本方法；维护良好人际关系与有效交流的方法；心理咨询与服务利用，常见心理问题或危机的辨识与求助；珍爱生命。

（四）性与生殖健康。

目标：树立自我保健意识，掌握维护性与生殖健康的知识和技能，提高维护性与生殖健康的能力。

核心内容：性与生殖健康的基本知识；友谊、爱情、婚恋、家庭与伦理道德；优生优育与适宜有效的避孕方法；非意愿怀孕和应对措施；常见生殖健康问题与自我保健方法；无保护性行为对生殖健康的影响；常见性传播疾病和预防；艾滋病的传播、流行与控制，易感染艾滋病的高危行为和预防措施，艾滋病咨询检测和服务，不歧视艾滋病感染者和病人；预防性侵害的方法和技能。

（五）安全应急与避险。

目标：树立安全避险意识，掌握常见突发事件和伤害的应急处置方法，提高自救与互救能力。

核心内容：突发事件与个人安全防范，意外伤害（触电、溺水、中暑、中毒、运动创伤等）的预防、自救与互救的基本原则和方法；无偿献血基本知识，无偿献血是公民的义务；休克、晕厥、骨折等急症的现场救护原则，心肺复苏、创伤救护（止血、包扎、固定、搬运）等院前急救技能；动物（犬、猫、蛇等）抓伤、咬伤后的应急处置；防范网络安全风险，甄别不科学、不健康信息的技能与方法；实验、实习等场所安全要求与防护技能，注意个人防护，避免职业伤害；旅行卫生保健的基本要求，规避旅行中的健康与安全风险的基本措施和策略。

三、实施途径

（一）多渠道开展健康教育。

发挥课堂教学主渠道作用。高校应按照本纲要确定的原则、内容，因校制宜制定健康教育教学计划，开设健康教育公共选修课，安排必要的课时，确定相应的学分。针对高校学生关注的健康问题，精选教学内容，吸引学生选修健康教育课程。

拓展健康教育载体。充分利用新生入学教育、军训等时机，开展艾滋病、结核病等传染病预防、安全应急与急救等专题健康教育活动。充分利用广播、宣传栏、学生社团活动、校园网络、微博、微信等传统媒体和新兴媒体，经常性开展健康教育宣传活动。结合各种卫生主题宣传日，集中开展各类卫生主题宣传教育活动。结合阶段性、季节性疾病预防，以防病为切入点，传播健康生活方式及疾病预防知识和技能。

（二）多形式开展健康实践。

融入学生管理工作。注重培养学生健康素养和生活作息等行为习惯，及时了解学生心理状况和心理需求，有针对性开展心理健康教育、心理辅导与咨询。

发挥学生社团作用。把学生参与健康教育活动纳入学生志愿服务管理，鼓励学生积极参与健康教育实践活动，传播健康理念和知识。

创设良好的校园卫生环境。配备必要的公共卫生设施，设置必要的卫生警示和标识，潜移默化地培养学生的公共卫生意识和卫生行为习惯。

（三）多途径加强健康教育教学能力建设。

创新教学方法和模式。充分发挥在线课程作用，开发健康教育网络课程、慕课、微课等，为全体学生提供便捷的健康教育学习平台，增强学生运用网络资源学习的能力，扩大健康教育覆盖面。

开展健康教育教学研究。充分发挥高校学科优势和人才优势，开展健康教育教学和科研活动，培育健康教育特色，提高健康教育教学质量。

丰富教育教学资源。结合本校实际，开发学生健康教育科普读物、教学图文资料、多媒体课件等，丰富健康教育教学资源，保障健康教育教学活动顺利开展。

发挥专业组织的协同推进作用。积极争取卫生部门和健康教育专业机构的技术支持和专业指导。聘请专业人员培训健康教育师资、开展专题讲座等健康教育活动,增强健康教育的针对性和实效性。

四、保障措施

(一)完善推进机制。学校要切实把健康融入高校工作的各个环节,要把维护和促进学生健康放在重要的地位,全力提升学生健康素养和身心健康水平。要加强组织领导和统筹协调,把健康教育作为高校学生素质教育的重要内容,纳入学校教育教学体系。整合健康教育资源,制定符合学校实际的健康教育实施方案。明确一名校领导具体负责健康教育工作,建立专兼职相结合的健康教育师资队伍,完善教务、学工、校医院、团委等多部门各负其责、协同推进的健康教育工作机制。设有医学院的高校,要充分发挥其专业优势,加强对学校健康教育的技术支撑和专业指导。

(二)加大经费投入。各地各高校要切实加大健康教育经费投入,强化健康教育的条件保障。配备必要的公共卫生设施,充分发挥健康环境育人功能,促进学生健康行为和习惯的养成。

(三)加强评估督导。高校把健康教育作为学校教育教学评估的重要内容。各地教育行政部门要把健康教育纳入高等教育教学评估体系,督促高校落实健康教育的相关规定和要求,定期对高校健康教育工作进行督查,通报督查结果。

(四)营造良好环境。各地各高校要充分利用报刊、广播、电视、网络等手段和途径,加强高校健康教育工作宣传力度,总结交流典型经验和有效做法,传播科学的健康观,营造全社会关心、重视和支持高校健康教育的良好氛围。

附录三　关于全面加强和改进新时代学校体育工作的意见

学校体育是实现立德树人根本任务、提升学生综合素质的基础性工程，是加快推进教育现代化、建设教育强国和体育强国的重要工作，对于弘扬社会主义核心价值观，培养学生爱国主义、集体主义、社会主义精神和奋发向上、顽强拼搏的意志品质，实现以体育智、以体育心具有独特功能。为贯彻落实习近平总书记关于教育、体育的重要论述和全国教育大会精神，把学校体育工作摆在更加突出位置，构建德智体美劳全面培养的教育体系，现就全面加强和改进新时代学校体育工作提出如下意见。

一、总体要求

1.指导思想。以习近平新时代中国特色社会主义思想为指导，全面贯彻党的教育方针，坚持社会主义办学方向，以立德树人为根本，以社会主义核心价值观为引领，以服务学生全面发展、增强综合素质为目标，坚持健康第一的教育理念，推动青少年文化学习和体育锻炼协调发展，帮助学生在体育锻炼中享受乐趣、增强体质、健全人格、锤炼意志，培养德智体美劳全面发展的社会主义建设者和接班人。

2.工作原则

——改革创新，面向未来。立足时代需求，更新教育理念，深化教学改革，使学校体育同教育事业的改革发展要求相适应，同广大学生对优质丰富体育资源的期盼相契合，同构建德智体美劳全面培养的教育体系相匹配。

——补齐短板，特色发展。补齐师资、场馆、器材等短板，促进学校体育均衡发展。坚持整体推进与典型引领相结合，鼓励特色发展。弘扬中华体育精神，推广中华传统体育项目，形成"一校一品""一校多品"的学校体育发展新局面。

——凝心聚力，协同育人。深化体教融合，健全协同育人机制，为学生纵向升学和横向进入专业运动队、职业体育俱乐部打通通道，建立完善家庭、学校、政府、社会共同关心支持学生全面健康成长的激励机制。

3.主要目标。到2022年，配齐配强体育教师，开齐开足体育课，办学条件全面改善，学校体育工作制度机制更加健全，教学、训练、竞赛体系普遍建立，教育教学质量全面提高，育人成效显著增强，学生身体素质和综合素养明显提升。到2035年，多样化、现代化、高质量的学校体育体系基本形成。

二、不断深化教学改革

4.开齐开足上好体育课。严格落实学校体育课程开设刚性要求，不断拓宽课程领域，逐步增加课时，丰富课程内容。义务教育阶段和高中阶段学校严格按照国家课程方案和课程标准开齐开足上好体育课。鼓励基础教育阶段学校每天开设1节体育课。高等教育阶段学校要将体育纳入人才培养方案，学生体质健康达标、修满体育学分方可毕业。鼓励高校和科研院所将体育课程纳入研究生教育公共课程体系。

5.加强体育课程和教材体系建设。学校体育课程注重大中小幼相衔接，聚焦提升学生核心素养。学前教育阶段开展适合幼儿身心特点的游戏活动，培养体育兴趣爱好，促进运动机能协调发展。义务教育阶段体育课程帮助学生掌握1至2项运动技能，引导学生树立正确健康观。高中阶段体育课程进一步发展学生运动专长，引导学生养成健康生活方式，形成积极向上的健全人格。职业教育体育课程与职业技能培养相结合，培养身心健康的技术人才。高等教育阶段体育课程与创新人才培养相结合，培养具有崇高精神追求、高尚人格修养的高素质人才。学校体育教材体系建设要扎根中国、融通中外，充分体现思想性、教育性、创新性、实践性，根据学生年龄特点和身心发展规律，围绕课程目标和运动项目特点，精选教学素材，丰富教学资源。

6.推广中华传统体育项目。认真梳理武术、摔跤、棋类、射艺、龙舟、毽球、五禽操、舞龙舞狮等中华传统体育项目，因地制宜开展传统体育教学、训练、竞赛活动，并融入学校体育教学、训练、竞赛机制，形成中华传统体育项目竞赛体系。涵养阳光健康、拼搏向上的校园体育文化，培养学生爱国主义、集体主义、社会主义精神，增强文化自信，促进学生知行合一、刚健有为、自强不息。深入开展"传承的力量——学校体育艺术教育弘扬中华优秀传统文化成果展示活动"，加强宣传推广，让中华传统体育在校园绽放光彩。

7.强化学校体育教学训练。逐步完善"健康知识＋基本运动技能＋专项运动技能"的学校体育教学模式。教会学生科学锻炼和健康知识，指导学生掌握跑、跳、投等基本运动技能和足球、篮球、排球、田径、游泳、体操、武术、冰雪运动等专项运动技能。健全体育锻炼制度，广泛开展普及性体育运动，定期举办学生运动会或体育节，组建体育兴趣小组、社团和俱乐部，推动学生积极参与常规课余训练和体育竞赛。合理安排校外体育活动时间，着力保障学生每天校内、校外各1个小时体育活动时间，促进学生养成终身锻炼的习惯。加强青少年学生军训。

8.健全体育竞赛和人才培养体系。建立校内竞赛、校际联赛、选拔性竞赛为一体的大中小学体育竞赛体系，构建国家、省、市、县四级学校体育竞赛制度和选拔性竞赛（夏令营）制度。大中小学校建设学校代表队，参加区域乃至全国联赛。加强体教融合，广泛开展青少年体育夏（冬）令营活动，鼓励学校与体校、社会体育俱乐部合作，共同开展体育教学、训练、竞赛，促进竞赛体系深度融合。深化全国学生运动会改革，每年开展赛事项目预赛。加强体育传统特色学校建设，完善竞赛、师资培训等工作，支持建立高水平运动队，提高体育传统特色学校运动水平。加强高校高水平运动队建设，优化拓展项目布局，深化招生、培养、竞赛、管理制度改革，将高校高水平运动队建设与中小学体育竞赛相衔接，纳入国家竞技体育后备人才培养体系。深化高水平运动员注册制度改革，建立健全体育运动水平等级标准，打通教育和体育系统高水平赛事互认通道。

三、全面改善办学条件

9.配齐配强体育教师。各地要加大力度配齐中小学体育教师，未配齐的地区应每年划出一定比例用于招聘体育教师。在大中小学校设立专（兼）职教练员岗位。建立聘用优秀退役运动员为体育教师或教练员制度。有条件的地区可以通过购买服务方式，与相关专业机构等社会力量合作向中小学提供体育教育教学服务，缓解体育师资不足问题。实施体育教育专业大学生支教计划。通过"国培计划"等加大对农村体育教师的培训力度，支持高等师范院校与优质中小学建立协同培训基地,支持体育教师海外研修访学。推进高校体育教育专业人才培养模式改革,推进地方政府、高校、中小学协同育人,建设一批试点学校和教育基地。明确高校高职体育专业和高校高水平运动队专业教师、教练员配备最低标准,不达标的高校原则上不得开办相关专业。

10.改善场地器材建设配备。研究制定国家学校体育卫生条件基本标准。建好满足课程教学和实践活动需求的场地设施、专用教室。把农村学校体育设施建设纳入地方义务教育均衡发展规划,鼓励有条件的地区在中小学建设体育场馆,与体育基础薄弱学校共用共享。小规模学校以保基本、兜底线为原则,配备必要的功能教室和设施设备。加强高校体育场馆建设,鼓励有条件的高校与地方共建共享。配好体育教学所需器材设备,建立体育器材补充机制。建有高水平运动队的高校,场地设备配备条件应满足实际需要,不满足的原则上不得招生。

11.统筹整合社会资源。完善学校和公共体育场馆开放互促共进机制,推进学校体育场馆向社会开放、公共体育场馆向学生免费或低收费开放,提高体育场馆开放程度和利用效率。鼓励学校和社会体育场馆合作开设体育课程。统筹好学校和社会资源,城市和社区建设规划要统筹学生体育锻炼需要,新建项目优先建在学校或其周边。综合利用公共体育设施,将开展体育活动作为解决中小学课后"三点半"问题的有效途径和中小学生课后服务工作的重要载体。

四、积极完善评价机制

12.推进学校体育评价改革。建立日常参与、体质监测和专项运动技能测试相结合的考查机制,将达到国家学生体质健康标准要求作为教育教学考核的重要内容。完善学生体质健康档案,中小学校要客观记录学生日常体育参与情况和体质健康监测结果,定期向家长反馈。将体育科目纳入初、高中学业水平考试范围。改进中考体育测试内容、方式和计分办法,科学确定并逐步提高分值。积极推进高校在招生测试中增设体育项目。启动在高校招生中使用体育素养评价结果的研究。加强学生综合素质评价档案使用,高校根据人才培养目标和专业学习需要,将学生综合素质评价结果作为招生录取的重要参考。

13.完善体育教师岗位评价。把师德师风作为评价体育教师素质的第一标准。围绕教会、勤练、常赛的要求,完善体育教师绩效工资和考核评价机制。将评价导向从教师教了多少转向教会了多少,从完成课时数量转向教育教学质量。将体育教师课余指导学生勤练和常赛,以及承担学校安排的课后训练、课外活动、课后服务、指导参赛和走教任务计入工作量,并根据学生体质健康状况和竞赛成绩,在绩效工资内部分配时给予倾斜。完善体育教师职称评聘标准,确保体育教师在职务职称晋升、教学科研成果评定等方面,与其他学科教师享受同等待遇。优化体育教师岗位结构,畅通体育教师职业发展通道。提升体育教师科研能力,在全国教育科学规划课题、教育部人文社会科学研究项目中设立体育专项课题。加大对体育教师表彰力度,在教学成果奖等评选表彰中,保证体育教师占有一定比例。参照体育教师,研究并逐步完善学校教练员岗位评价。

14.健全教育督导评价体系。将学校体育纳入地方发展规划,明确政府、教育行政部门和学校的职责。把政策措施落实情况、学生体质健康状况、素质测评情况和支持学校开展体育工作情况等纳入教育督导评估范围。完善国家义务教育体育质量监测,提高监测科学性,公布监测结果。把体育工作及其效果作为高校办学评价的重要指标,纳入高校本科教学工作评估指标体系和"双一流"建设成效评价。对政策落实不到位、学生体质健康达标率和素质测评合格率持续下降的地方政府、教育行政部门和学校负责人，依规依法予以问责。

五、切实加强组织保障

15.加强组织领导和经费保障。地方各级党委和政府要把学校体育工作纳入重要议事日程，加强对本地区学校体育改革发展的总体谋划，党政主要负责同志要重视、关心学校体育工作。各地要建立加强学校体育工作部门联席会议制度，健全统筹协调机制。把学校体育工作纳入有关领导干部培训计划。各级政府要调整优化教育支出结构，完善投入机制，积极支持学校体育工作。地方政府要统筹安排财政转移支付资金和本级财力支持学校体育工作。鼓励和引导社会资金支持学校体育发展，吸引社会捐赠，多渠道增加投入。

16.加强制度保障。完善学校体育法律制度,研究修订《学校体育工作条例》。鼓励地方出台学校体育法规制度，为推动学校体育发展提供有力法治保障。建立政府主导、部门协同、社会参与的安全风险管理机制。健全政府、学校、家庭共同参与的学校体育运动伤害风险防范和处理机制，探索建立涵盖体育意外伤害的学生综合保险机制。试行学生体育活动安全事故第三方调解机制。强化安全教育，加强大型体育活动安全管理。

17.营造社会氛围。各地要研究落实加强和改进新时代学校体育工作的具体措施，可以结合实际制定实施学校体育教师配备和场地器材建设三年行动计划。总结经验做法，形成可推广的政策制度。加强宣传，凝聚共识，营造全社会共同促进学校体育发展的良好社会氛围。

附录四　《体育与健康》教学改革指导纲要（试行）

为贯彻落实习近平总书记在全国教育大会上的讲话精神，落实中共中央办公厅、国务院办公厅《关于全面加强和改进新时代学校体育工作的意见》和体育总局、教育部《关于深化体教融合促进青少年健康发展的意见》，进一步深化体育教学改革，指导全国中小学体育教师科学、规范、高质量地上好体育课，更好地帮助学生在体育锻炼中"享受乐趣、增强体质、健全人格、锤炼意志"，促进青少年学生身心健康全面发展，特制定本纲要。

一、总体要求

（一）指导思想

以习近平新时代中国特色社会主义思想为指导，全面贯彻党的教育方针，落实立德树人根本任务，树立"健康第一"教育理念，深化体育教学改革，强化"教会、勤练、常赛"，构建科学、有效的体育与健康课程教学新模式，帮助学生掌握1至2项运动技能，促进中小学生运动能力、健康行为、体育品德等核心素养的形成，为实现"健康中国""体育强国"作出体育学科的贡献。

（二）改革内容

通过深化体育教学改革，转变教学观念，全面把握"教会、勤练、常赛"的内涵与要求，使其成为常态化、规范化、系统化的教学组织模式。打造高质量体育课堂，使学生在"知识、能力、行为、健康"诸方面得到全面提升。明确学生各学段特点与发展需求，使体育教学内容更加富有逻辑性、系统性和衔接性。根据各学段教学目标，合理选择多元化教学模式和多样化组织方式，因地制宜、因材施教，增强体育教学方式改革的有效性、可行性。采用科学、操作性强的发展性评价指标体系，让体育学业质量评价更加具体、客观，建立"以评价促发展"的新生态。优化组织管理，建立健全保障机制，形成教育行政部门、学校领导、教师与家长齐抓共管"以体育人"的新格局。探索建立学生体育学习过程管理长效机制，树立体育教学管理务实创新的新形象，全面促进体育教学改革。

（三）改革目标

——享受乐趣。在体育教学活动中注重增加游戏与比赛等竞争要素，让学生在体育锻炼中享受竞争与表现的乐趣，实现从激发兴趣到形成志趣、享受乐趣的层层深入。通过组织游戏、增加竞赛、丰富内容、鼓励自主等方式，提高学生锻炼的积极性、主动性、自觉性和持久性，帮助学生有效锻炼、掌握技能、提高能力、体验成功，使其真正能够乐在其中。

——增强体质。重视在体育教学中强化锻炼、增强学生体质，要加强"勤练"，在基本运动技能的锻炼中不断发展学生的速度、力量、耐力、柔韧、灵敏、协调、平衡等身体素质。要根据不同年龄、性别、教材、课型、场地、气候等科学安排运动强度，合理设计练习密度，针对学生素质发展敏感期合理组织学、练、赛，科学推进基本运动技能"课课练"活动。要通过高质量组织课堂教学，课内外相关联开展大课间、课外体育活动、校外体育锻炼等，有效增强学生体质。

——健全人格。通过在体育教学过程中渗透社会主义核心价值观教育，培养学生的爱国情怀、社会责任感和良好的个人品质。全面把握体育的"育体、育智、育心"综合育人的价值，通过全员参与的体育竞赛活动，培养学生的集体荣誉感，塑造活泼开朗、与人为善、团结协助、遵守规则等良好品格，促进学生身心健康与人格健全。

——锤炼意志。通过体育课、体育训练和体育竞赛活动培养学生不畏困难、不怕吃苦、不惧失败的意志品质。精心设计有一定强度、一定难度的运动技能学习，培养学生吃苦耐劳、坚持不懈等优良品质，要通过组织教学比赛和竞技比赛，不断培养学生顽强拼搏、积极进取、勇敢坚毅等坚强意志。

二、主要任务

（一）更新教学观念

改变单一学习知识或某项技术的现状，从综合育人、培养体育核心素养的高度和体育课程一体化的思路，强化"教会、勤练、常赛"过程与结果，有效促进体育教学改革目标的达成。注重学科融合与课程思政，在中华优秀体育文化传承的同时，鼓励适当在体育教学中开展情境式跨学科主题教育教学活动，促进综合育人目标的实现。将"以教定学"观念转向"以学定教"，充分把握学情，注重个体差异，合理把握教师的主导作用和学生主体作用的有效发挥，促进每一个学生的健康发展。

（二）优化教学内容

积极消除体育课程教学长期存在的繁（项目繁多）、浅（蜻蜓点水）、偏（缺乏系统）、断（学段脱节）现象，组织开展逻辑清晰、系统连贯的结构化内容体系的教学。重点教会学生健康知识、基本运动技能和专项运动技能。其中，健康知识与基本运动技能作为体育课必修必学内容要在中小学广泛开展，专项运动技能作为必修选学内容，中小学校结合实际有选择地开展。

健康知识主要是中小学各学段应知应会的健康行为与生活方式、生长发育与青春期保健、心理健康、传染病预防与公共卫生事件应对、安全应急与避险等五个领域的内容，每个学段的健康教育教学工作，要基于本学段各年级应掌握的健康知识内容创新组织健康教育活动，为良好健康行为的形成和有效促进健康打下坚实的基础。

基本运动技能主要是中小学生在行走、奔跑、跳跃、投掷、滚翻、攀爬、钻越、支撑、悬垂、旋转等方面的动作发展内容，各学段基于学生动作发展和体能发展规律，各类动作在不同学段按照难度和锻炼方式进阶，形成各学段相对固定的基本运动技能锻炼内容，通过锻炼使学生在不同学段都具有相应的基本运动能力水平，有效呈现螺旋上升的基本运动技能教学特点，为日常生活和专项运动技能的学习奠定扎实的基础和提供重要的保障。

专项运动技能包括足球、篮球、排球、田径、游泳、体操、武术、冰雪运动等专项运动的单个和组合技能，各学校可以根据本校实际、师资力量、学生需求等，有选择地在教学中开展。各专项运动技能的教学，依据专项运动固有的难度和自身的特征，按结构化的方式将每个专项运动划分为多个模块和单元开展教学，学生对各模块和单元逐一进行递进式学习。专项运动的各模块和各单元之间要有进阶性，完成一个模块和单元的学习并经考核合格后，进入下一个模块和单元的学习，以此类推，呈现出更加富有逻辑性、衔接性的专项运动技能学习。

健康教育每学期 4 课时，按照各学段规定应学习的健康知识，参考健康教育教学指导，有效组织教学工作。体育课的时间中小学一节 40（或 45）分钟，每节课应该包括 10 分钟左右的基本运动技能、20 分钟左右结构化运动技能学练及组织对抗性比赛和放松拉伸等。

（三）创新教学过程

打破传统的体育课堂教学组织形式的局限性，积极探索与适当增加"体育选项走班制"教学组织形式。义务教育阶段，在原有按"行政班级授课制"完成必修必学内容学习的基础上，小学高年级可增加学生的自主选择性，选择自己喜爱的运动项目进行学习，有条件的学校可采用"体育选项走班制"组织教学。初中在"体育选项走班制"的基础上，可适当增加"体育俱乐部制"，丰富完善组织形式，提高学生的参与兴趣，加强必修选学内容的学习。高中以"体育选项走班制"为主，通过"体育俱乐部制"组织形式，满足学生的运动兴趣和专项化发展需求。形成一校多品、一生一长的体育教学改革实效。

全面把握"教会、勤练、常赛"一体化系统性教学思路与方式，实施更有效的教学，全面提高教学质量。其中，"教会"，要遵循体育教育规律，结合学生发展特点与水平，合理把握循序渐进、因材施教、分层教学，教会学生健康知识、基本运动技能与专项运动技能，教会的程度依据学段目标不同而确定，最终达到学生能够在日常生活或比赛场景中灵活自如地运用；"勤练"，把握运动技能形成规律，结合不同项目、不同班额、不同场地器材条件等合理把握练习密度和运动强度，提高学生的运动效果。结合不同学段学生特征，组织练习的方式应体现小学基础期趣味化、初中发展期多样化、高中提高期专项化等特点。课内外与校内外练习都要注重时间充足、形式新颖、准确有效、安全保障，注重在锻炼中享受乐趣、增强体质。"常赛"，面向全体学生，根据体育教学内容合理组织每堂课上的教学比赛，结合体育课堂教学组建班队，要周周打比赛，周六周日可组织全校体育比赛，以赛促练，掀起体育锻炼的浪潮，使学生享受竞赛乐趣、更加牢固地掌握专项运动技能，培养学生的体育与健康素养。在此基础上组建校队，参与区县、地市、省等多级联赛，同时，通过比赛发现具有运动天赋的学生，注重培养其发展体育特长，为竞技体育输送人才。

（四）完善教学评价

丰富评价内容，倡导开展多元性评价，注重对学生语言表达（是否能说出）、动作表现（是否能做对）、能力体现（是否能会用）等的多方面检验，完善评价方式，提升评价效果。

打破以往只对运动技术、体质健康等某一方面的评价，要更加注重"知识、能力、行为、健康"综合评价指标体系的建立。为增加评价方式的便捷性、评价结果的精准性，鼓励引入人工智能等评价方式。

改进知识评价。主要是对体育知识、健康知识等的评价，建立知识测评题库，通过试卷纸笔测试、线上网络测试、随堂口头测试、组织开展活动测试等相结合的方式实施。小学侧重情境式测试，初中和高中可多采用主题式测试。

突出能力评价。主要包含基本运动能力评价和专项运动能力评价。基本运动能力评价按照各学段必修必学的基本运动技能确定评价内容；专项运动能力评价可依据专项运动技能学习结构化内容确定评价内容，特别要注重对学生运用知识的能力以及比赛能力的评价。

完善行为评价。注重对学生健康行为和良好品德的评价，鼓励利用大数据平台实施体育家庭作业制度，重点评价学生体育锻炼行为与习惯的养成，实现对日常锻炼情况的过程性评价；通过组织各项体育比赛，充分把握学生的品德，尤其要强化团结协助、勇于拼搏等优良品格的评价。

强化健康评价。对标《国家学生体质健康标准》，通过精准监测各学段学生对应的体质健康指标，评价中小学生的体质健康水平，及时向家长反馈，便于做好家校联合，共同促进学生的健康成长。

三、组织保障

（一）组织管理

为深化体育教学改革，省级教育行政部门要做好本省中小学体育教学改革落实方案，完善体育教学工作的顶层规划，明确工作任务、人员配备、责任分工、条件保障、经费投入、推进实施等，督促中小学开展高质量体育教学工作。地市、区县教育主管部门和学校等层层建立学校体育组织领导机构，教育主管部门一把手、学校校长等牵头，主管学校体育的领导具体落实，形成扎实推进体育教学改革的组织领导管理机制。教育行政部门组织领导和专家，及时对体育教学工作实施督促和检查，便于及时总结经验，整改教学问题。鼓励各级教育主管部门组织开展基于推进体育教学改革的优秀课例展示与研讨，加强组织培训工作等，助推体育教师的教育教学能力提升，促进其专业发展，不断提高体育教学水平和过程管理水平，提升体育教学质量。

(二) 课时保障

为保障体育教学质量，促进学生全面发展，将开齐开足上好体育课落到实处，在基本保障小学 1—2 年级每周 4 节体育课，小学 3 年级以上至初中每周 3 节体育课，高中每周 2 节体育课的基础上，鼓励中小学各学段根据学校实际适当增加每周体育课时，义务教育阶段可每天 1 节体育课，高中阶段保障每周 3 节体育课以上。

(三) 师资保障

强化师资队伍建设，配齐配足各级教研员，发挥重要的体育教学改革指导作用。按需引进体育师资，尤其是高校优秀体育毕业生和优秀退役运动员等要充实到体育教师和教练队伍中，积极吸纳社会力量，通过购买服务，引入社会体育机构有资质的专业教练，补充专项体育教学与训练所需的师资，保障学校体育教学与训练工作持续有序开展。注重对体育教师的师德培养，关心体育教师的身心健康，保障体育教学工作有质有量。体育教师教学工作强度和工作量要合理安排，有条件的学校，在教师人数充足的情况下，可适当缩小体育课教学班额，中小学体育教师每周基本教学工作量保障 12 课时，并将组织大课间、带队训练、指导比赛、体质监测等活动计入教师工作量。强化体育教师专业素养提升，系统规划对体育教师分层分类培训，每位教师每年要参与不低于 1 次的培训活动，通过强化培训，逐步提高全体体育教师的专业化水平和教育教学能力。通过培训准确把握改革方向，深刻理解和实施"教会、勤练、常赛"的具体要求，更加合理有效地组织体育课堂教学。关注农村体育教师的发展，通过送教下乡、城乡结对、连片教研等活动切实帮助农村体育教师成长。注重兼职体育教师的专业素养提升，通过加强基础性与专项化相结合的培训，不断提升兼职教师对体育课堂的驾驭能力，从而提高教学质量。加强教研平台的建设，强化体育教研活动，推动体育教师教科研能力的全面提升，更好地推进新时代体育教学改革。

（四）场地器材

优先发展学校所开设的"一校多品"运动项目的场地器材，满足选项教学需求。在基本保障正常体育教学工作需要的基础上，鼓励有条件的学校修建体育场馆或风雨场地，确保风雨雪霾天气能够正常开展体育教学工作和课外体育锻炼。配备符合学生年龄特点、发展水平和质量标准的体育器材。确保场地器材有效安全地使用和促进健康，坚决杜绝一切危害师生健康的场地器材在体育教学中使用。积极开发社会体育资源，鼓励社会体育场馆免费或低消费向学校开放，适当解决学校体育场地不足的问题，确保体育教学质量稳步提升。

四、督导评价

（一）加强对教育行政部门的督导评估

将对地方教育行政部门执行体育教学改革的情况进行督导评估，包括落实体育教学改革指导性文件的下发，落实体育教学改革具体方案的研制，督导和检查机制的建立，具体落实对学校体育工作的支持力度和达到的体育教学改革成效等纳入对教育行政部门的督导评估。

（二）强化学校落实学校体育教学改革的主体责任

将学校体育教学改革组织领导机构的建立，体育课在开足开齐上好等方面的改进与落实情况，配齐配强体育教师方面的突破性进展，体育经费的保障情况，场地器材的建设与改善情况，体育教师的培训情况，体育教师教学工作量的落实情况等纳入学校落实体育教学改革主体责任的主要内容。

（三）注重教师实施体育教学改革的过程与结果

将体育教师对"教会、勤练、常赛"的理解和把握，灵活驾驭体育课堂的能力改善情况，体育教师的专业素养与师德风范的提升水平，体育教师实际参与培训情况，尤其是培训后教育教学能力提高程度，体育教师基于新形势、新理念对系统性"全面育人"的把握情况等纳入体育教学改革的过程与结果的主要内容。

（四）强调学生达成体育教学改革的目标与效果

将体育教学改革在促进学生"享受乐趣、增强体质、健全人格、锤炼意志"的目标达成情况、核心素养培育情况，尤其是学生体育兴趣产生的程度、体质健康水平改善的幅度、健全人格培养的宽度和锤炼意志达到的深度纳入学生达成体育教学改革的目标与效果的主要内容。

五、工作要求

（一）确定试点。各地要及时确定实施体育教学改革试点的范围，并组织进行教师培训和完善保障条件。实行教改的具体方案和实施范围报教育部体育卫生与艺术教育司。

（二）教改培训。教育部体育卫生与艺术教育司将根据各地试点方案和范围，在暑假期间组织教学改革师资培训和组织实施培训，并提供相关技术资源。